第2版

経営者のための

労働組合法教室

大内伸哉
[神戸大学大学院教授] Ouchi Shinya

経団連出版

第2版に寄せて

　かつてプロ野球の名物オーナーが，選手の労働組合がオーナーに会いたいと要望したことに対して，「無礼な，たかが選手が」という発言をしたことが物議をかもしました。労働組合法上は許容できない発言ですが，経営者の本音が思わず出てしまったのでしょう。

　私は，経営者の皆さんに対して，労働組合を好きになってほしいと言うつもりはありません。労働組合とうまくつき合っている経営者も多いでしょうが，かりに労働組合を嫌悪していたとしても，それは経営者の一つの価値観として，尊重されるべきだと思っています。ただ，内心の価値観がどうであれ，言動ではコンプライアンスを尊重する姿勢を示さなければ，経営者失格となってしまいます。日本で企業経営をする以上，日本で適用される法律を遵守しなければならないのは当然です。ところが，労働委員会の場にきても，労働組合への敵意を隠さない経営者が引きも切らないのは残念なことです。

　そのような経営者の方に，わかってほしいことがあります。国の最高法規である憲法は，教育と勤労と並んで納税の義務を定めていますが，経営者には，もう一つ義務があるのです。それが，労働組合から申し込まれた団体交渉に応じる義務です。経営者は，納税の義務であれば渋々でも従うでしょう。この義務から逃れようとすると痛い目にあうことがわかっているからです。団体交渉に応じる義務も，これと同じなのです。経営者の皆さんが痛い目にあわないためにも，ぜひ本書をしっかり読んでもらえればと思います。

2020年3月
大内伸哉

第1版はしがき

　書名を『経営者のための～』などとすると，労働組合問題に悩む経営者のためのマニュアル本のようなイメージを与えてしまうかもしれませんが，本書は，そうした期待を完全に裏切るものです。そのまったく逆で，本書は労働組合法をわかりやすく解説し，労働組合にはこういう権利があるのだということを経営者にしっかり知ってもらうための本なのです。

　私がこうした本を書いたのは，兵庫県労働委員会の公益委員として不当労働行為審査事件や労働争議調整事件を担当するなかで，経営者側が，労働組合法に関する基礎的な知識をあまりに欠いているという経験をしたことがあったからです。労働委員会という公的な場で堂々と労働組合に対する嫌悪や敵視を口にする経営者に，一から「法は労働組合の権利をこのように保障しているのですよ」などと説明しなければならないのは残念なことでした。

　経営者が，労働組合に対して，どのように対応しなければならないかは，もちろん法律や判例で定められています。法治国家で経営をしている以上，法的ルールを無視することはできません。こじれた労使紛争は，もとをたどっていけば，経営者が，違法なことをしたという意識をもたないまま，たんに法に無知のまま行動したことに起因して起こった場合が少なくないのです。公的な場でも悪びれずに反組合的な言動ができるのは，法に無知だからなのです。しかし，これでは経営者失格です。

　どうして労働組合法を学ぶ必要があるか，そして労働組合とどうつき合っていくべきかの詳しい説明は，本書の冒頭の第１講と最後の第

20講にあります。時間がない方は，まずそこから読んでいただいても結構です。そこにも書いていますが，私が本書で一番伝えたかったメッセージは，労働組合法を遵守することは，経営者にとっての最低限の責務であるだけでなく，良い経営のための要諦であって，「経営者のため」になるということです。

　本書は，このようなことから『経営者のための〜』という書名になっていますが，書かれている内容は，労働組合法の基礎的なことです。『基礎からの労働組合法教室』という書名でもよいくらいのものです。そもそも労働組合法は労働者のための法律です。現実には，労働組合に加入する労働者の数は減少する傾向にありますが，労働者にとっての労働組合の必要性はけっして小さいものではないと思います。労働者の権利を守るうえで，労働組合にどれだけのパワーがあるかということも，本書を通して知ることができると思います。

　東日本大震災は，自然の力を前にした個々人の無力さを，私たちに改めて教えてくれました。そのなかで，私たちは，人々の絆というものの大切さを再認識しました。労働者の絆に支えられて団結の価値を体現する労働組合は，いままさに，その意義を再評価されるべき存在なのかもしれません。

　本書は，2011年に「経団連タイムス」で20回連載した「経営者のための労働組合法教室」をもとに，これに大幅に加筆したものです。連載時には，担当者の谷香織さんに，たいへんお世話になりました。また，本書の刊行にあたり，なかなか出てこない私の原稿を，根気強く待って，私のペースで気持ちよく作業するよう配慮してくださった高橋清乃さんには，心より感謝しています。

2012年9月
大内伸哉

凡例［略語一覧］

法令

労組法◆労働組合法

労調法◆労働関係調整法

労委則◆労働委員会規則

労基法◆労働基準法

労基則◆労働基準法施行規則

労契法◆労働契約法

育介法◆育児休業, 介護休業等育児又は家族介護を行う労働者の福祉に関する法律

承継法◆会社分割に伴う労働契約の承継等に関する法律

個紛法◆個別労働関係紛争の解決の促進に関する法律

雇均法◆雇用の分野における男女の均等な機会及び待遇の確保等に関する法律

労安法◆労働安全衛生法

国公法◆国家公務員法

地公法◆地方公務員法

行執法◆行政執行法人の労働関係に関する法律

地公企法◆地方公営企業等の労働関係に関する法律

独禁法◆私的独占の禁止及び公正取引の確保に関する法律

行政通達

基発◆労働基準局長通達

基収◆労働基準局長が疑義に答えて発する通達

判例集等

民集◆最高裁判所民事判例集

刑集◆最高裁判所刑事判例集

集民◆最高裁判所裁判集 民事

労民集◆労働関係民事裁判例集

労判◆労働判例

最重判◆大内伸哉『最新重要判例200 労働法〔第6版〕』2020年, 弘文堂

経営者のための労働組合法教室◆目次

コラム

装幀◆日下充典

第1講 どうして労働組合法を学ぶ必要があるのか

1◆労働組合の現状

　労働組合というと，労働者の権利を守るための団体なので，企業には無関係である，あるいは無関係ではないとしても，できればかかわりたくないと思っている経営者も多いことでしょう。

　近年，コンプライアンス，つまり法令遵守ということがさかんに言われていますから，経営者は業務にかかわる法令を遵守することにずいぶん気を遣うようになっていると思います。労働法関係でみても，労基法や労安法などは，労働基準監督署が目を光らせていますし，雇均法や育介法なども，都道府県労働局の指導が入るかもしれないので，多くの経営者は法の遵守を十分に意識しているはずです。

　ところが，同じ労働法関係でも，労組法はどうでしょうか。労働基準監督署や都道府県労働局は，労組法のことにはタッチしませんし，そもそも，ウチの企業は家族的な経営をしていて，従業員の利益に十分な配慮をしているので，従業員のほうでも労働組合の必要性など感じていないはず，と思い込んでいる経営者も少なくないと思います。

　厚生労働省の「労働組合基礎調査（平成30年）」によると，平成30（2018）年6月30日現在，推定組織率（雇用者数に占める労働組合員数の割合）は，17.0％です。労働組合に入っているのは，5人のうちの1人にも満たないのです。しかも，この数字は年々減少傾向にあります（本書の初版で紹介した平成23年の同調査では，18.5％でした）。

組合員数についても，平成6（1994）年の1269万9000人をピークとして，平成21（2009）年はやや持ち直したものの全般的に減少しており，平成30（2018）年は1007万人となっています[⇒図表1]。

　労働組合の多くは，企業ごとにその従業員を中心に組織されています。このような労働組合を企業別（内）組合といいます。実は，従業員数1000人以上の大企業では，労働組合の組織率は41.5％とかなり高くなっています。これはユニオン・ショップの影響です。ユニオン・ショップについては第3講3で詳しく説明しますが，ここでは，その企業の従業員になると，自動的に企業別組合の組合員になる仕組みと理解しておいてください。

　ユニオン・ショップ協定は，厚生労働省発表の「労使関係総合調査（平成25年）」（労働組合実態調査）によると，労働組合の66.1％が締結しています。

　ユニオン・ショップが導入されている企業では，（組合員資格のある）

図表1◆雇用者数，労働組合員数および推定組織率の推移（単一労働組合）

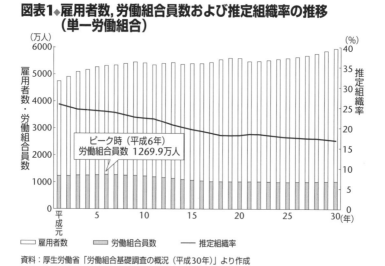

資料：厚生労働省「労働組合基礎調査の概況（平成30年）」より作成

管理職以下の従業員は，すべて組合員となっているので，組織率は跳ね上がります。しかも，こうした労働組合の多くは，企業との間で協調的な関係を構築しています。企業の従業員をまるごと構成メンバーにしている労働組合は，企業といわば運命共同体を形成しているからです。そのようなところでは，労組法はあまり意識されないのです。

　一方，中小企業となると，組織率は激減します。前記の「労働組合基礎調査」によれば，従業員数が100〜999人の企業では，組織率は11.7％，同じく99人以下の企業では0.9％になってしまいます。中小企業でも，労働組合があるところでは，ユニオン・ショップが導入されることが少なくありませんが，そもそも労働組合が組織されていないところでは，ユニオン・ショップも導入しようがありません。小規模な企業となると，労働組合はほぼ壊滅状況といってよいでしょう。

コラム 労働組合の組織形態

　日本では，労働組合というと企業別組合を考えている人が多いと思います。しかし，歴史的にみても，また外国と比べてみても，企業別組合は例外的な組織形態であることがわかります。たとえば，労働組合発祥の地イギリスでの当初の組織形態は，一定の職種ごとに，熟練職人が団結したクラフト・ユニオン（職能別組合）でした。また，現在の欧州での一般的な組織形態は，同一の産業で働く労働者を企業横断的に結集した産業別組合です。

　日本でも，企業別組合以外に，職種や産業に関係なく，労働者が個人加入できる一般労組や，中小企業の労働者を中心に，企業横断的に組織されている合同労組もあります。

　なお，企業別組合の多くは，産業別の連合体（単産）を形成しており，多くの単産はナショナルセンター（全国中央組織）に加入しています。こうしたナショナルセンターには，日本労働組合総連合会（連合），全国労働組合総連合（全労連），全国労働組合連絡協議会（全労協）があります。

こうしたことから，労働組合のある企業（主として，大企業），ない企業（主として，中小企業）でそれぞれ理由は違いますが，労組法を意識する必要がなかったのです。しかし，労働組合は，企業別組合だけではありません。企業内の労働組合が穏健だからといって，あるいは企業内に労働組合が存在していないからといって，労組法のことを知らないままでよいというわけにはいかなくなってきています。

それは，地域レベルで企業横断的に労働者を組織して活動する労働組合（地域合同労組）が勢力を伸ばしているからです。コミュニティ・ユニオンとも呼ばれているこうした労働組合が，あるとき突然，経営者の前に団体交渉を求めて現われる可能性は十分にあるのです。

2◆労働組合法の成立ち

今日では，労働組合は合法的な団体であり，だれもそのことに疑問を抱きませんが，歴史的には，必ずしもそうではありませんでした。

たとえば，フランスで大革命直後の1791年に制定されたル・シャプリエ法は，労働者の団結を刑罰により禁止していました。イギリスやドイツなどでも団結禁止立法がありました。しかし，その後，労働者の団結の必要性を政府も認めるようになり，次第に国家による抑圧から解放されることになります。さらに，第1次世界大戦後にドイツで誕生したワイマール共和国の憲法（1919年）では，団結の自由を保障する規定（159条）が歴史上初めて設けられました（ただし，その後のナチズムの台頭により，事実上消滅）。またアメリカでも，全国労働関係法（通称，ワグナー法）がニューディール政策のひとつとして制定されて労働組合の団結権と団体交渉権が認められ，不当労働行為制度も導入されました。

一方，日本では，明示的な団結禁止立法はなかったものの，たとえ

ば明治33（1900）年の治安警察法は，団結目的の暴行や脅迫，ストライキの誘惑や煽動を処罰する規定を含んでおり，団結が禁止されるのと実際上は変わらない状況にありました。この規定はその後削除されましたが，組合運動は行政執行法，警察犯処罰令などにより抑圧されました。そして，昭和15（1940）年の大日本産業報国会の誕生により，労働組合運動はいったん消滅することになります。戦後，昭和20（1945）年にいち早く旧労組法が制定され，その後，昭和22（1947）年に施行された憲法において，ワイマール憲法の系譜をひく労働基本権保障規定が設けられ，さらに昭和24（1949）年に労組法が改正されて，現在の形になりました。

　日本は戦争に負けて，新たに憲法を制定しなければならなかったことから，歴史上最も進んでいたワイマール憲法の考え方を採り入れ，さらにアメリカ法の影響も受けて，世界で最も進んだ労働基本権の保障法制を築きました。それが，「勤労者の団結する権利及び団体交渉その他の団体行動をする権利は，これを保障する」と定める憲法28条なのです。

　ちなみに，ワイマール憲法を生んだドイツの憲法（ボン基本法）では，団結の自由しか規定されておらず，一方アメリカでは，労働基本権は憲法上の保障はされていません。日本の憲法28条が，いかに先進的なものであるかがわかると思います。

3◆憲法が保障する労働基本権

　このように憲法という国の最高法規で，団結権，団体交渉権，団体行動権という労働基本権が保障されている点に，日本法の特徴があります。では，憲法でこうした権利が保障されていることは，法的にどのような意味があるのでしょうか。

それは，まず第一に，憲法よりも下位にある通常の法律では，労働基本権を制限する定めをおいてはいけないということです（これを自由権的効果といいます）。たとえば，国会で団結権を撤廃するというような法律を定めても，その法律は，憲法違反で無効となるのです。前述した労働組合に対する歴史を反省して，国家権力が労働組合を抑圧してはならないということを憲法で定めているわけです。

　さらに，憲法は，その定める労働基本権が現実の労使関係において実際に保障されるよう，法制度を整えることを政府に求めています（これを社会権的効果といいます）。企業と労働者の力関係を考慮すると，たんに国家からの抑圧がないというだけでは，労働者が労働基本権を実際に享受することが困難となることが予想されるので，そうならないように政府が積極的にサポートすべきとしているのです。これが，労働基本権が憲法で保障されていることの第二の意味です。こうした観点から制定された法律が，労組法です。

　労組法1条1項の目的規定は，次のとおりです。

　「この法律は，労働者が使用者との交渉において対等の立場に立つことを促進することにより労働者の地位を向上させること，労働者がその労働条件について交渉するために自ら代表者を選出することその他の団体行動を行うために自主的に労働組合を組織し，団結することを擁護すること並びに使用者と労働者との関係を規制する労働協約を締結するための団体交渉をすること及びその手続を助成することを目的とする」。

　これを読むと，労組法が，まさに労働者の団結，団体交渉，団体行動を促進するために制定されていることがわかると思います。

4◆労働組合のパワー

　労働基本権のなかでもとくに重要なのが，団体交渉権でしょう。労働組合は，経営者と団体交渉をすることを権利として保障されているのです。

　普通の取引では，だれかとの交渉を強制されることはありません。それが団体交渉となると，企業は交渉することを強制され，これに応じなければ不当労働行為となる可能性があるのです（労組法7条2号）。詳細は第6講以下にゆずりますが，ここでは，経営者にとって，労働組合からの団体交渉に応じることは憲法に根拠をもつ法的義務であり，さらに，それに違反すると，専門の行政機関である労働委員会によって，団体交渉に応じるよう命じられることがある，ということを確認しておきたいと思います。

　実は，企業別組合の多くは，経営者と良好な関係にあります。前述のような協調的な労使関係が構築されているのです。したがって，団体交渉をめぐって紛争が生じるようなことは，めったにありません。むしろ経営者のほうから，労使協議などの手続により情報を交換しようとすることがあるくらいです。団体交渉が行われるときでも，事前に交渉のための準備ができていることが多く，経営者は労働組合との団体交渉がスムーズに進むことに注力しているのです。

　ただし，労働組合のすべてが協調的であるわけではありません。むしろ，憲法や労組法といった法の世界では，労働組合というのは，企業と対抗して，労働者の権利や利益を守る組織であり，そうした労働組合が企業と協調的であることのほうが例外的だともいえるのです。労働組合が企業と敵対的であってもまったくかまわないし，むしろそのほうがノーマルと想定されているのです。だからこそ，法は労働組

合に「権利」を与え，企業はいやでも，それに応じろと「義務」づけているわけです。

　このように労働組合には，法によって大きなパワーが与えられています。経営者は，こうした労働組合と上手につき合っていくことが求められているのです[⇒第20講]。そのためには，労働組合をめぐる法的ルールがどういうものであるのかを，きちんと知っておく必要があるでしょう。次講以下で，この点を詳しく説明していくことにします。

コラム 公務員と労働組合

　官公労部門で働く労働者も労働組合を結成できます。民間企業とは違い，加入しないことも権利として認められていて（たとえば国公法108条の2第3項），ユニオン・ショップは禁止されています。それでも推定組織率は36.9%（平成30年）と労働者全体の平均よりもはるかに高い数字になっています。

　非現業の国家公務員と地方公務員（一般職職員）の労働組合は職員団体と呼ばれており，団体交渉権はありますが，労働（団体）協約締結権は否定されています（国公法108条の5，地公法55条）。なお，公務員のなかでも，警察職員，海上保安庁職員，刑事施設職員，消防職員，自衛隊職員は，団結すること自体が禁止されています（国公法108条の2第5項，地公法52条5項，自衛隊法64条1項）。

　このほか，国家公務員の資格のある行政執行法人（旧国営企業）の職員や地方公営企業の職員（および地方公務員一般職のなかの単純労務職員）は，労働組合の結成，団体交渉および労働協約締結の権利が認められています（行執法4条以下，地公企法5条以下。単純労務職員については，地公法57条，地公企法付則5項）。

　以上のどのカテゴリーにも共通しているのは，争議行為が禁止されていることです（国公法98条2項，地公法37条，行執法17条，地公企法11条）。こうした争議行為禁止規定については，公務員も憲法28条の勤労者として労働基本権が保障されている以上，憲法違反の疑いもあるところですが，最高裁は，昭和48年の大法廷判決で，全面的合憲論を支持する判断を下し，今日に至っています（全農林警職法事件・最大判昭和48年4月25日）。

第2講 労働組合とは何か

1.労働組合の定義

　労働組合が労働者の団体を指すということは明らかです。では，労働者の団体であれば，すべて労働組合といえるのでしょうか。

　労組法は，労働組合を「労働者が主体となって自主的に労働条件の維持改善その他経済的地位の向上を図ることを主たる目的として組織する団体又はその連合団体」と定義しています（2条）。この定義を満たすかぎり，労働者の団体は，企業別組合だけでなく，産業別組合，職能別組合，合同労組など，組織形態の違いに関係なく労働組合となります。構成員が労働組合である連合団体も，労働組合となりえます。逆に，この定義を満たさない団体は，たとえ労働組合という名称を使っていても，法的には労働組合ではないことになります。

　労働組合は労働者が主体となった団体ですが，そのメンバーがほんとうに労働者かどうかをめぐり問題が起きることがあります。労組法3条は労働者を「職業の種類を問わず，賃金，給料その他これに準ずる収入によって生活する者」と定義しており，これは，労基法（9条）や労契法（2条1項）上の労働者の定義と比べて，使用従属性が要件とされていないだけ広い概念と解されています。とはいえ，事業主に該当するような者までが労働者に含まれるわけではありません。そうした者の団体は事業者団体であり，その行為は独禁法の規制対象となりますが，中小企業等協同組合法に基づき事業協同組合を結成して団

体交渉を申し出ることなどは，独禁法の適用除外とされています。

　現実には，ある労務提供者が個人事業主か労働者かはっきりしないことがあります。親会社の製造した住宅設備機器の修理を業とするカスタマーエンジニア（CE）で組織された労働組合から申し込まれた団体交渉に対して，会社がCEは労働者ではないとして，これに応じることを拒否したケースで，最高裁は，CEは事業の遂行に不可欠な労働力として会社の組織に組み入れられており，CEの契約内容は会社が一方的に決定し，さらに，会社からの個別の修理補修等の依頼についてCEには実質的には諾否の自由がなかったなどの事情を重視して，労働者性を肯定しました（INAXメンテナンス事件・最3小判平成23年4月12日）。

　同日に出された別の最高裁判決も，ある劇場合唱団のオペラ歌手が契約メンバーから外されたため，その所属する労働組合から劇場を運営する財団に団体交渉を申し込んだところ，財団がこれに応じなかったケースで，オペラ歌手の労働者性を肯定しました（新国立劇場運営財団事件・最3小判平成23年4月12日）。

　最近では，コンビニエンスストアの加盟者の結成した労働組合から

コラム　一人組合

　労働組合の定義には「団体」という文言が含まれているので，構成員が一人だけの団体は労働組合ではありません。団体といえるためには，構成員が二人以上いて，規約と運営組織をそなえている必要があると解されています。

　もっとも，企業からの組織の切り崩しがあって（こうした行為は，もちろん支配介入の不当労働行為となりえます），構成員が一人だけになってしまったような場合は，将来にわたって構成員が複数になる可能性があるかぎり，なお団体性の要件は失わないと解されています。

の団体交渉の申込みを，本部が拒否したことをめぐる紛争において，中央労働委員会が，加盟者の労働者性を否定しています（セブン－イレブン・ジャパン事件，ファミリーマート事件。中労委命令平成31年2月6日）。

2◆労働組合の自主性

　労組法における労働者の定義のなかで法律がとくに重視しているのが，自主性の要件です。前述の労働組合の定義には「自主的に」という文言が含まれていましたが，さらに２条但書で，自主性が損なわれやすいケースを列挙して，消極要件（労働組合該当性を否定する要件）としています。そこでは組織面での自主性と財政面での自主性に着目されています。

　まず，組織面での自主性からみると，①役員，②雇入れ，解雇，昇進または異動に関して直接の権限をもつ監督的地位にある労働者，③使用者の労働関係についての計画と方針とに関する機密の事項に接し，そのためにその職務上の義務と責任とが当該労働組合の組合員としての誠意と責任とに直接に抵触する監督的地位にある労働者，④その他，使用者の利益を代表する者（利益代表者），が加入する団体は，労組法上の労働組合ではないとされています（但書１号）。

　管理職（通常は課長クラス以上）になると労働組合から脱退することが多いのは，管理職は，②から④のいずれかに該当すると判断される可能性が高いからです。本来，労働組合がその組織の範囲を企業の上層部にまで及ぼしていくことは，組織強化のためには悪いことではないようにも思います。しかし，法律は，とくに②のような監督的地位にある労働者が労働組合に加入していると，企業の言いなりで自主性を失った「御用組合」になることを懸念して，そうした労働者を労

働組合に加入させないよう求めているのです。

　財政面での自主性については，団体の運営のための経費の支出につき使用者の経理上の援助を受けるものは，労組法上の労働組合ではないとしています（但書2号）。こうした経理上の援助（経費援助）は，不当労働行為としても禁止されています（7条3号）。

　労働組合が団体交渉を通じて企業からの経費援助を勝ち取るのは，労働組合にとって悪いことではないような気がしますが，ここでも法律は，企業から財政面で援助を受けているような労働組合は自主性を失ってしまい，結局は労働者のためにならないと考えているのです。

　ただし，経費援助のすべてが禁止されているわけではありません。法律は例外も認めています。

　　◆労働者が労働時間中に時間または賃金を失うことなく使用者と協議し，または交渉することを使用者が許すこと
　　◆厚生資金または経済上の不幸もしくは災厄を防止し，もしくは救済するための支出に実際に用いられる福利その他の基金に対する使用者の寄附
　　◆最小限の広さの事務所の供与

は，経費援助にはあたらないとしているのです。企業別組合の場合には，企業からさまざまな便宜供与を受ける機会が多いと思われますが，それが形式的には経費援助につながるような場合であっても，上記に準じるようなものであれば，許容されると解すべきでしょう。

　企業によっては従業員全員が加入している従業員組織もありますが，これは労働組合と区別されるのが一般的です。というのは，組織面で役員その他の利益代表者が加入していたり，財政面で運営費を企業が負担したりすることが多いほか，親睦を目的とし，「労働条件の維持改善その他経済地位の向上を図ることを主たる目的」としていな

管理職組合

　労組法2条但書1号に該当する者のうち，②から④は，労組法上の労働者にも該当するはずです。それにもかかわらず，労働組合に加入できないというのは，この者たちの団結権を侵害することになりそうです。

　学説のなかには，②から④の労働者たちで集まっている労働組合（管理職組合など）は，労組法上の労働組合と認めてよいという見解も有力です。労組法は，①から④の者が労働組合に加入することによって，その者たちが一般の組合員に影響を及ぼし，労働組合が「御用組合」化することを問題としているのであり，②から④の者だけで集まっているようなときには，そのような心配はなく，企業からの自主性という面で問題がないからです。

　一方，管理職であっても①から④のいずれにも該当しない労働者が自分たちだけで労働組合を結成したり，あるいは一般従業員を組織する労働組合に加入することは，もとより法的に問題がありません。

いのが一般的であるなど，労働組合の定義に合致していないからです。

　なお，労働組合の目的については，労組法２条は但書３号と４号で，それぞれ「共済事業その他福利事業のみを目的とする」団体，「主として政治運動又は社会運動を目的とする」団体は，労組法上の労働組合ではないと明記しています。

3.法適合組合と資格審査

　ある団体が労組法上の労働組合に該当しないとしても，別に解散が命じられるわけではありません。では，労組法上の労働組合であることには，どのようなメリットがあるのでしょうか。

　労組法５条は，「労働組合は，労働委員会に証拠を提出して第２条及び第２項の規定に適合することを立証しなければ，この法律に規定する手続に参与する資格を有せず，且つ，この法律に規定する救済を

与えられない」と定めています（1項）。

　ここでいう「第2条」とは，先ほどみた労働組合の定義規定であり，「第2項」は，労働組合の規約に記載すべき事項を定めている規定です[⇒図表2]。つまり，労働組合の定義を満たしていて，一定の必要事項を記載した規約をもっていなければ，労働委員会で行われる労働組合の資格審査をパスしないのです（なお，規約の記載事項は，実際にそれが遵守されているかどうかはチェックされない形式審査です）。

　資格審査をパスした労働組合を法適合組合と呼びますが，法適合組合でなければ，労組法に規定する手続に参与する資格を有しなかったり，労組法に規定する救済，すなわち不当労働行為の救済が与えられなかったりするデメリットがあります。とくに不当労働行為の救済手続を利用できないのは，労働組合にとっては痛いところです。たとえば，企業が団体交渉を拒否したとしても，それを不当労働行為として，労働委員会に救済を申し立てることができないのです。

　また，労組法5条でいう労組法に規定する手続に参与する資格とは，法人登記をする資格（11条），労働委員会の労働者委員の推薦資格（19条の3第2項，19条の12第3項）などです。

　資格審査との関係で注意すべきは，かりに資格審査をパスせず，法適合組合ではないとされた団体であっても，それは労組法上の特別な保護が受けられないというだけで，その存在自体を否定されるわけではないという点です。

　たとえば，利益代表者が加入していても労働条件の維持改善という目的をきちんと果たしている団体は，労組法上の労働組合ではなくとも，憲法28条のいう勤労者の団結としては，法的に保護されると解されています。その団体が，使用者から団体交渉を拒否されたとき，不当労働行為の救済手続は利用できないとしても，被った損害について，

一般法たる民法の規定に基づき救済（賠償）を求めることは認められるのです。

　また，正当な団体行動の結果については，損害賠償責任を負わないという民事免責や刑事責任を負わないという刑事免責は，憲法で保障されているもので，労組法上の法適合組合であるかどうかに関係なく認められるとされています（なお，民事免責と刑事免責は，労組法においても，それぞれ8条と1条2項で定められています）[⇒第15講1]。

図表2◆規約の必要的記載事項

1◆名称
2◆主たる事務所の所在地
3◆連合団体である労働組合以外の労働組合(以下「単位労働組合」という)の組合員は，その労働組合のすべての問題に参与する権利および均等の取扱いを受ける権利を有すること。
4◆何人も，いかなる場合においても，人種，宗教，性別，門地または身分によって組合員たる資格を奪われないこと。
5◆単位労働組合にあっては，その役員は，組合員の直接無記名投票により選挙されること，および連合団体である労働組合または全国的規模をもつ労働組合にあっては，その役員は，単位労働組合の組合員またはその組合員の直接無記名投票により選挙された代議員の直接無記名投票により選挙されること。
6◆総会は，少くとも毎年1回開催すること。
7◆すべての財源および使途，主要な寄附者の氏名ならびに現在の経理状況を示す会計報告は，組合員によって委嘱された職業的に資格がある会計監査人による正確であることの証明書とともに，少くとも毎年1回組合員に公表されること。
8◆同盟罷業は，組合員または組合員の直接無記名投票により選挙された代議員の直接無記名投票の過半数による決定を経なければ開始しないこと。
9◆単位労働組合にあっては，その規約は，組合員の直接無記名投票による過半数の支持を得なければ改正しないこと，および連合団体である労働組合または全国的規模をもつ労働組合にあっては，その規約は，単位労働組合の組合員またはその組合員の直接無記名投票により選挙された代議員の直接無記名投票による過半数の支持を得なければ改正しないこと。

このように，労働条件の維持改善という目的をもつかぎり，その団体は，少なくとも憲法が認める団結には該当し，労働基本権を享受できる可能性があるのです。それに加えて，労組法上の要件をクリアした法適合組合となれば，労組法が付加した特別な保護を享受できるということです。

コラム 労組法の改正と組合民主主義

　労組法は，第2次世界大戦後，わずか4ヵ月で（昭和20（1945）年12月に）制定されましたが，その後昭和24（1949）年に改正されて現行法となっています［⇒第1講2］。改正前の旧労組法は，労働組合の設立についての行政官庁への届出（5条），労働委員会の決議による規約の変更命令（8条），労働委員会の申立てに基づく裁判所による労働組合の解散命令（15条）などを定める規定があって，労働組合への公的な規制が強く，逆にいうと組合の公権力からの自由に対する配慮が不十分でした。

　昭和24年の改正により，労働組合は自由設立主義となり，労働組合の設立についての届出，規約の変更命令，裁判所による労働組合の解散命令などの規定は撤廃されました。一方，組合規約における必要的記載事項については，旧労組法でも規定がありましたが，それは簡単なものにすぎなかったのが，新たに労働組合内部の民主的な運営に関係する記載事項が大幅に追加されました。

　つまり，この労組法改正により，法は組合の公権力からの自由を尊重する一方で，組合内部における組合民主主義の実現のための法的介入は強めたわけです。

労働組合への加入・脱退

1.◆労働組合への加入資格

　労働組合は，労働者が自発的に結成する任意団体であり，そこに加入することも，労働者の自由な意思によるべきものとされています。ただし，各労働組合が，自らの組織に加入できる資格を規約に基づき限定することはできます。組合自治が認められているのです。加入資格がない労働者は，いくら本人が望んでも加入はできません。

　利益代表者が加入した団体は労組法上の労働組合とは認められないので，多くの労働組合は利益代表者に該当するような管理職（たとえば課長以上の管理職）に組合加入資格を認めていません[⇒第2講2]。

　問題は，各労働組合が加入資格を制限することに法的な制約がまったくないのかという点です。学説のなかには，労働組合が法律によって重要な権能を与えられていることを重視して，人種，宗教，性別，門地，身分によって組合加入資格を制限することを違法とする見解もあります。

　日本の労働組合の主たる形態は企業別組合であり，従来，その加入資格は正社員に限定されてきました。このことは，企業別組合が終身雇用や年功型賃金と並んで，正社員中心の日本型雇用システムの軸となってきたことと関係しています。

　しかし最近は，非正社員（パートタイム労働者，アルバイト，派遣労働者など）が増加し，その労働条件の低さや雇用の不安定さが問題

となり，こうした人たちの組織化に社会的関心が集まっています。コミュニティ・ユニオンによる組織化も進んでいます[⇒第1講1]が，非正社員のコミュニティ・ユニオンへの加入は，何か紛争が起きた後の事後的なケースがほとんどでしょう。

　そうしたなか，企業別組合が組合員資格を非正社員にまで広げようとする動きも出てきています。ちなみに，厚生労働省発表の「労働組合基礎調査（平成30年）」によると，パートタイム労働者で労働組合に加入している者の数は，平成30（2018）年は129万6000人で前年度

図表3◆パートタイム労働者の加入資格の有無，組合員の有無別割合

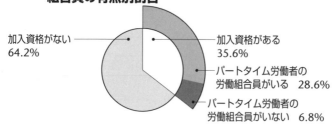

加入資格がない 64.2%
加入資格がある 35.6%
パートタイム労働者の労働組合員がいる 28.6%
パートタイム労働者の労働組合員がいない 6.8%

資料：厚生労働省「労働組合活動等に関する実態調査（平成30年）」より作成

図表4◆有期契約労働者の加入資格の有無，組合員の有無別割合

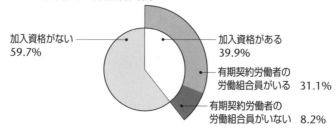

加入資格がない 59.7%
加入資格がある 39.9%
有期契約労働者の労働組合員がいる 31.1%
有期契約労働者の労働組合員がいない 8.2%

資料：厚生労働省「労働組合活動等に関する実態調査（平成30年）」より作成

コラム 労働組合は政治的に中立であるべきか

労組法5条2項4号は、「何人も、いかなる場合においても、人種、宗教、性別、門地又は身分によって組合員たる資格を奪われないこと」を規約の必要的記載事項としています。この規定をめぐっては、労働組合が組合員資格を定める場合の均等待遇を義務づけたと解すべきか議論があります。もしこれを肯定すると、たとえば加入資格を女性だけとする女性労働組合は許されないことになるでしょう。しかし、この規定は、文言上も、資格の剥奪に関係する規定であり、この規定を根拠にして、組合員資格を制限する規約を無効とすることは、組合自治への過度の介入となり妥当でないでしょう。

かりにこの規定を根拠に組合員資格の均等待遇が義務づけられるとしても、この文言には信条は含まれていませんから、たとえば一定の政治的信条をもつ者以外の加入を認めない規約は適法と解すべきです。たしかに、憲法をみると、「すべて国民は、法の下に平等であって、人種、信条、性別、社会的身分又は門地により、政治的、経済的又は社会的関係において、差別されない」と定めており（14条1項）、信条による差別も禁止していますが、憲法は公権力の行使との関係での平等原則であり、労働組合といった私的な団体の加入資格にまで及ぶと解すべきではありません。要するに、労働組合は政治的に中立的である必要はないわけです。

なお、ユニオン・ショップ協定が締結されている場合には、労働組合に加入しない労働者は解雇されますが、それは、あくまでも加入資格があるにもかかわらず、自らの意思により加入しなかった場合に限定されるべきです。加入資格がもともとない労働者は、ユニオン・ショップとは無関係と解すべきです。

より8万9000人増加しており、全労働組合員数に占める割合は8.1%となっています。緩やかではありますが、着実に非正社員の組織化は進んでいます[⇒図表3]。

2.労働組合からの脱退

労働組合が任意団体である以上、労働組合からの脱退は、組合員の

自由でなければなりません。判例も，「一般に，労働組合の組合員は，脱退の自由，すなわち，その意思により組合員としての地位を離れる自由を有するものと解される」と述べています（東芝労働組合小向支部・東芝事件・最２小判平成19年２月２日）。

　そのため，たとえば労働組合の執行部の承認がなければ脱退ができないというような規約は無効となります。

　一方，組合員に脱退の自由があるとはいえ，経営者のほうから組合員に対して脱退を強く奨める行為（脱退勧奨）は，労働組合を弱体化するものとして，支配介入の不当労働行為（７条３号）となるので注意を要します。

3◆ユニオン・ショップとは

　労働組合への加入，脱退は，原則として労働者が自由に行うことができるはずですが，これについては重要な例外があります。それが，ユニオン・ショップです。ユニオン・ショップとは，従業員になると組合員になるというもので，逆に組合員でない労働者は解雇されるというものです。ユニオン・ショップ協定が締結されていると，入社した労働者は，組合加入資格がある範囲では，みな労働組合に加入します。さもなければ解雇されてしまうからです。

　ユニオン・ショップ協定が締結されていれば，労働組合は労せずに組合員を獲得することができますし，また経営者としても，労働組合が従業員を一本化してくれたほうが，交渉や協議をするうえで都合がよい面があります。前述のように，大企業において組織率が比較的高いのは，少なからぬ大企業がユニオン・ショップにより，非管理職層の従業員をほぼ百パーセント組織してきたからです[⇒第1講1]。

　もっとも，ユニオン・ショップは，労働組合に加入しなかったり，

脱退したりした労働者を解雇することを認めるもので，労働者の加入・脱退の自由という原則と正面から抵触しそうです。そして，労働者の自由意思を無視して組織強制をするという点で，ユニオン・ショップは，労働者の自己決定権を侵害するなどの理由で違法であるという見解も有力に主張されています。

　最近では，ユニオン・ショップの範囲となる組合員資格をパートタイム労働者にまで及ぼそうとする労働組合も増えているようです[⇒本講1]。これは，パートタイム労働者の組織化にはつながりますが，パートタイム労働者の自由意思に反する加入を強制する面がないかについてのチェックも必要となると思います。ただし，経営者のほうから，パートタイム労働者に組合加入をしないよう呼びかけるのは，労働組合を弱体化する行為となり，支配介入の不当労働行為となりえます（労組法7条3号）。

　このように，ユニオン・ショップは，労働者の自由意思に反する組織強制をもたらすとはいえ，公務員は別として，民間企業の従業員には，法律の明文で禁止されているわけではありません。

　むしろ，労組法7条1号但書には，「労働組合が特定の工場事業場に雇用される労働者の過半数を代表する場合において，その労働者がその労働組合の組合員であることを雇用条件とする労働協約を締結することを妨げるものではない。」とあり，労組法は，過半数組合とのユニオン・ショップ協定の締結の有効性を肯定しているようにもみえます。実際，この規定を根拠にユニオン・ショップ協定の有効性を肯定し，その締結資格を過半数組合に限定する学説もあります。しかし，この規定は不当労働行為に関するものなので，ユニオン・ショップ協定の有効性とは無関係と解すべきでしょう。

コラム 団結しない自由

　ユニオン・ショップに対して否定的な立場からは，憲法28条の団結権には，同21条1項の結社の自由と同様，団結しない自由（消極的団結権）も含まれているので，ユニオン・ショップはこれに反するという論拠が持ち出されることもあります。一方，通説は，団結権は結社の自由とは異なり，団結しない自由は含まないと解してきました。労働者は，団結しなければ経営者と対等な立場で交渉できず，団結しない自由は法的に保護に値しませんし，またこうした自由を認めてしまうと，結局は，経営者からの切り崩しにあってしまう，というのがその論拠です。

　ただ，今日では，労働者にもさまざまなタイプがあり，経営者と対等，あるいはそれに近い立場で交渉できる人もいます。また，個人の価値観が多様化し，労働組合に加入したくないという労働者の意向も尊重に値するといえるでしょう。何よりも，憲法は自己決定権を保障したものと解されており（13条），団結しない自由を認めるのは，これと整合的ともいえるでしょう。

4.ユニオン・ショップ解雇

　最高裁は，ユニオン・ショップ協定が適法であることを前提に，「労働組合から除名された労働者に対しユニオン・ショップ協定に基づく労働組合に対する義務の履行として使用者が行う解雇は，ユニオン・ショップ協定によって使用者に解雇義務が発生している場合に限り，客観的に合理的な理由があり社会通念上相当なものとして是認することができる」と述べています（日本食塩製造事件・最2小判昭和50年4月25日）。

　実は，最高裁は，この判決により，いわゆる解雇権濫用法理を確立したのです。この法理は現在は労契法16条で成文化されていますが，もともとは，ユニオン・ショップ解雇は権利濫用ではないと述べた判決で提示されたものだったのです。

経営者としては，判例がいくら認めているとはいえ，ユニオン・ショップ協定による従業員の解雇は，できれば避けたいと思うでしょう。脱退したり，除名されたりした従業員を解雇することは，ユニオン・ショップ協定を締結した労働組合に対する義務ではあるのですが，やはり解雇というのはたいへんなことなのです。実際には，組合員でなくなった従業員について，ただちに解雇はせずに，その取扱いを労働組合と協議すると定めるにとどめる，いわゆる「尻抜けユニオン」も多いといわれています。

　判例は，労働組合からの除名処分が無効となる場合には，解雇は無効となると述べています。除名処分は，組合内部で行われる統制処分であり，その有効性いかんで解雇の有効性が左右されるのは，経営者に気の毒な気もします。実は，前記の最高裁判決の原審の東京高裁判決は，除名処分の有効性と解雇の有効性は切り離して考えるべきとしていました（東京高判昭和43年2月23日）。しかし最高裁は，除名処分の無効は，イコール解雇無効であるという立場をとったのです。

　ただし，その後の最高裁判決が，ユニオン・ショップ協定の効力を制限していることにも注意する必要があります。つまり，労働組合から脱退した組合員が別の労働組合に加入した場合には，ユニオン・ショップ協定は及ばず，企業に解雇義務は発生しないので，解雇をすれば無効となります（三井倉庫港運事件・最1小判平成元年12月14日）。

　労働者の組合選択の自由やその別組合の団結権も尊重すべきということです。脱退した元組合員が新たに労働組合を結成した場合も同様に，ユニオン・ショップ協定の効力は及びません。さらに，別の判例は，労働組合を除名された者が別の労働組合に加入したり，新たな労働組合を結成したりした場合にも，ユニオン・ショップ協定の効力は及ばないとしています（日本鋼管鶴見製作所事件・最1小判平成元年

12月21日）。

　結局，経営者がユニオン・ショップ協定に基づいて行う解雇が有効となるのは，その労働組合の組合員でなくなった労働者がどの労働組合の組合員にもなっていない状況にある場合にかぎられるのです。

コラム 解雇無効の場合の賃金

　経営者は，ユニオン・ショップ協定に基づき解雇をしたものの，もともとの除名処分が無効であったとなると，解雇は無効となるので，その労働者を原職復帰させなければなりません。この場合，解雇期間中の賃金は遡って支払う必要があります。民法536条2項（1文）は，「債権者の責めに帰すべき事由によって債務を履行することができなくなったときは，債権者は，反対給付の履行を拒むことができない」と定めています。

　解雇が無効とされたときは，債権者（経営者）の「責めに帰すべき事由」（帰責事由）によって，その労働者が債務（労務）を履行できなくなったとみられるため，債務者（労働者）は，労務の反対給付である賃金の支払いを受ける権利をもつわけです（清心会山本病院事件・最1小判昭和59年3月29日）。

　もっとも，労働組合の行った除名処分に無効事由があるかどうかは，経営者にはよくわからないこともあるでしょう。むしろ，経営者が労働組合の統制処分の有効性を詮索しようとすると，そのことのほうが問題となるでしょう。そう考えると，除名処分が無効で，解雇が無効となったとしても，事情によっては経営者に帰責事由がなく，賃金は支払わなくてもよい場合がありそうです。

　なお，かりに賃金を支払わなければならない場合でも，その労働者が解雇期間中に他の場所でアルバイトをしたりして収入（中間収入）を得た場合には，その分については支払うべき賃金から控除してもかまいません（民法536条2項2文）。ただ，その場合，中間収入がかりに多くても，企業は平均賃金の6割以上は常に支払わなければならない（労基法26条参照）とされています（いずみ福祉会事件・最3小判平成18年3月28日など）。こうした中間収入控除の規制は，ユニオン・ショップ協定に基づく解雇かどうかに関係なく，解雇一般にあてはまるルールです。

便宜供与はどこまで許されるか

1.便宜供与とは

　労働組合が結成されたとき,経営者に対してまず要求してくるのは,組合事務所と掲示板の貸与でしょう。日本の労働組合の多くは企業内組合であり,その活動拠点は企業であるため,企業内における事務所や掲示板の貸与といった便宜供与を要求するのです。

　厚生労働省の「労働組合活動等に関する実態調査（平成28年）」によると,労働組合の74.8％が組合事務所として企業施設の供与を受け,そのうち79.0％が無償です。労組法は,企業別組合にとっての組合事務所の重要性を考慮し,労働組合の自主性要件との関係で,「最小限の広さの事務所の供与」は経費援助にはあたらないとして,こうした供与を受けることを法適合組合としての欠格事由に該当せず,また使用者からの供与は不当労働行為に該当しないとしています（2条但書2号但書,7条3号但書）[⇒第2講2]。

　このほかの便宜供与としては,チェック・オフ,組合休暇,在籍専従などがあります。

　このうち組合休暇とは,組合の業務に従事するために,従業員である組合員が休暇をとるというものです。「労働協約等実態調査（平成23年）」によると,労働組合のうち,就業時間中に許可・届出なしで「組合大会等定期の会合」に参加できるのは9.9％,届出などをすれば参加できるのは49.3％,許可などがあれば参加できるのは26.2％です。

また，就業時間中の「教宣活動等日常の組合活動」については，許可・届出なしで参加できるのは14.7%，届出などをすれば参加できるのは39.5%，許可などがあれば参加できるのは29.4%です。

組合休暇は原則として無給であるべきで，むしろ賃金を支払うこと（賃金を控除しないこと）は経費援助に該当しそうですが，学説においては，労働時間内における有給での使用者との協議や交渉を経費援助の例外とする規定（2条但書2号但書，7条3号但書）を準用して扱うべきとする見解も有力です。

在籍専従は，組合員が従業員の地位を保持したまま，もっぱら労働組合の業務に従事するものです。「労働協約等実態調査（平成23年）」によると，組合専従者の取扱いについて何らかの規定がある労働組合の割合は60.5%です。在籍専従に対して企業が賃金を負担することは，さすがに経費援助に該当することになるでしょう。

2.便宜供与をめぐる法律問題

便宜供与をするかどうかは，経営者と労働組合との間での合意により決めるものです。労働組合には憲法上，団結権が保障されているため，その活動に必要な便宜供与は企業に要求する「権利」があるとする見解も一部にありますが，そうした見解は憲法の解釈として行きすぎですし，一般にも認められていません。

もちろん，労働組合が，便宜供与を要求事項として団体交渉を申し込んできたときは，経営者はそれを拒否することはできません。経営者は，誠実にこれに応じなければ，不当労働行為となります（労組法7条2号）。とはいえ，これはあくまで交渉ですので，便宜供与に応じなければならないということではありません。誠実に交渉した結果，条件などが合わず合意が成立しなかったために貸与しないことは，法

的に何も問題がないのです。つまり，経営者には交渉に応じる義務は
あっても，譲歩する義務はないのです[⇒第7講3]。ただ，経営者は，譲
歩しないという姿勢をとり続けると，労働組合側が反発してストライ
キをしたり，ビラを配布したりする行動をとってくる可能性があるこ
とは覚悟しておく必要があります。

コラム 組合事務所の明渡し

　組合事務所の貸与は義務ではありませんが，いったん貸与を合意した場合には，
そこに一定の法律関係が発生します（労働協約が締結されれば，それに基づく権利
義務関係も生じます）。通常，この法律関係の性質は，使用貸借契約であると解さ
れています。使用貸借契約は有償の賃貸借契約とは異なり，「当事者の一方が……
無償で使用及び収益をして契約が終了したときに返還をする」という契約です（民
法593条）。

　使用貸借における貸与したものの返還時期（使用貸借の終了時期）については，
民法（597条）で，①使用貸借の期間を定めたときには，その時期に返還しなけ
ればならない，②使用貸借の期間を定めなかったときにおいて，使用および収益の
目的を定めたときは，その目的に従い使用および収益を終わったときに返還をしな
ければならない，と定められています。

　組合事務所の貸与のケースでは，通常，②に該当するかが問題となります。この
ケースに，「目的に従い使用および収益を終わったとき」という基準をあてはめると，
企業は返還（明渡）請求はできないようにも思えます。しかし，裁判例には，貸与
について定めた労働協約が解約された場合には，使用貸借は契約に定めた目的に
従った使用を終わったものとして終了すると述べて，経営者の明渡請求を認めたも
のもあります（ラジオ関東事件・東京高判昭和54年1月29日）。

　このように「目的に従い使用および収益を終わったとき」という基準は，それほ
ど厳格には解釈されていないのです。ただし，たとえ明渡請求が認められるような
場合であっても，それを反組合的な意図に基づいて行うと，支配介入の不当労働行
為（労組法7条3号）に該当する可能性があることには注意を要します。

経営者がもう一つ注意しておくべきなのは，労働組合が複数ある場合に，その一方の労働組合にのみ事務所などを貸与し，他方の労働組合には貸与しないということをすれば，これは貸与されなかった労働組合に対する組合弱体化の意図があるとして，支配介入の不当労働行為（7条3号）に該当する可能性があるということです（日産自動車（組合事務所）事件・最2小判昭和62年5月8日）。

　経営者は，どの労働組合に対しても中立的な態度を保持する義務があり，それは便宜供与の場面であってもあてはまります。一方にだけ認めて，他方に認めないというのは，経営者にとってはリスキーなことといえるでしょう（併存組合下における中立保持義務については，⇒第14講4）。

3◆チェック・オフの法律関係

　労働組合への便宜供与として最も重要なのが，チェック・オフです。チェック・オフとは，経営者が組合費を給料から天引きして労働組合に引き渡すことであり，経営者がいわば組合費の徴収代行をすることです。チェック・オフは，通常，労働組合との間でチェック・オフ協定を結んだり，あるいは労働協約のなかでチェック・オフ条項を盛り込み，それに基づき行われます。「労働協約等実態調査（平成23年）」によると，チェック・オフが行われている労働組合の割合は91.0％であり，ほとんどの労働組合で実施されています[⇒図表5]。

　経営者としては，チェック・オフは労働組合の利益のためにする行為なのですが，実は法的なリスクもあります。というのは，給料から組合費を控除するのは，労基法の定める賃金全額払いの原則に抵触する可能性があるからです（24条）。

　チェック・オフとは，法的にいうと，経営者が労働組合からの委託

図表5◆組合費のチェック・オフ状況別労働組合割合

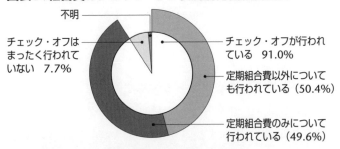

- 不明
- チェック・オフは まったく行われて いない　7.7%
- チェック・オフが行われ ている　91.0%
- 定期組合費以外について も行われている（50.4%）
- 定期組合費のみについて 行われている（49.6%）

注：（　）内は「チェック・オフが行われている」を100とした割合
資料：厚生労働省「労働協約等実態調査の概況（平成23年）」より作成

を受けて組合費を支払い，その支払った分を従業員に請求するという行為であり，その請求分は賃金と相殺されることになります。こうした相殺は何も問題がないようにも思えますが，実は判例は，経営者が従業員に債権をもっている場合でも，それと賃金債権とを相殺することは賃金全額払いの原則に反すると述べてきました（関西精機事件・最２小判昭和31年11月２日）。チェック・オフにもこの判例があてはめられるのです。

　もっとも，賃金全額払いの原則には例外があり，当該事業場の労働者の過半数を組織する労働組合（過半数組合）か，それがなければ過半数を代表する労働者（過半数代表者）と労使協定を締結しておけばよいとされています（労基法24条１項ただし書）。したがって，チェック・オフについても，経営者はこうした労使協定を締結しておけば適法に行うことができます。

　ただし，少数組合とチェック・オフをする場合には注意が必要です。過半数組合ではない少数組合は，単独ではこうした労使協定を締結できないからです。もし過半数組合が別に存在していても，その過半数組合が労使協定を締結していなければチェック・オフを行えませんし，

過半数組合が存在しない場合には，過半数代表者との労使協定がなければチェック・オフを行えません。少数組合とチェック・オフ協定を締結するだけでは十分ではないのです。

　ところで，よく考えると，チェック・オフのように労働組合のために行なう便宜供与が労働者保護法規である労基法の規制を受けるのはおかしいような気もします。経営者としては，チェック・オフをすることに労基法違反の可能性があるというのは納得できないでしょうし，少数組合にとっても，よけいな規制と感じるでしょう。実際，学説のなかには，チェック・オフには労基法24条の適用はないと主張する見解もあったのです。しかし，最高裁は，労基法24条の適用を認めています（済生会中央病院事件・第２小判平成元年12月11日）。

　一方で，チェック・オフは広く普及している便宜供与ではあるものの，経営者がそこまでやることに，どこか違和感も覚えます。組合費は，労働組合から組合員へ提供されるサービスの対価という性格もあり，その対価は，労働組合が直接，組合員に請求して払ってもらうべきといえるからです。チェック・オフはユニオン・ショップと同様，労働組合の組織にとっての根幹的な部分を経営者に頼っているという印象を禁じえません。

4. チェック・オフの中止

　チェック・オフについては，このほかにも注意すべき点があります。判例によると，労働組合は，企業とチェック・オフ協定（労働協約の一種）を結んでも，それを根拠として，企業がチェック・オフの権限をもつわけではないと述べているのです。これは，チェック・オフ協定が，法的に労働協約の形式を満たしていても，規範的効力は生じないことを意味しています（規範的効力とは要するに労働協約の組合員

　労使協定は，法律が一定の法的効力を発生させるために締結を認めているもので，労働協約とは法的性質をまったく異にするものです。労使協定は，過半数組合か，それがない場合には過半数代表者（両者をあわせて「過半数代表」と呼びます）が締結するものです。労使協定の代表例は，時間外労働に関する労使協定で，労基法36条に基づくことから，三六協定と呼ばれています。

　過半数組合が労使協定を締結した場合には，その労使協定は労働協約と類似しますが，労使協定は組合員であるかどうかに関係なく，その事業場の労働者全体にその効力（時間外労働を適法化する効力，賃金全額払いの原則の例外を認める効力など）が及ぶ点に違いがあります。過半数組合が締結した労使協定であっても，その効力を少数組合が受けることができるのは，このためです。

　一方，労働協約であれば，組合員にしか効力は及びません（ただし，労組法17条に基づく一般的拘束力が認められる場合には，非組合員にも労働協約が適用されます）[⇒第11講3]。

　労基法24条にしろ，36条にしろ，それらの規定に基づく労使協定は，あくまで労基法の原則（賃金全額払いの原則，法定労働時間）の例外を設定するという効力（免罰的効力）しかない（労使協定には，そのほかのタイプもありますが，主たるものはこのタイプ）のに対して，労働協約は組合員の権利義務を設定する効力をもつ（ただし，本講4で述べるように，チェック・オフについては争いがあります）という点でも違いがあります。

に対する拘束力のことです。詳しくは，⇒第11講）。学説上は反対説も強いのですが，判例は，チェック・オフにより組合費を支払うことについては，個々の組合員からの支払委任がなければならないとしています（エッソ石油事件・最1小判平成5年3月25日）。

　この考え方によると，通常，組合員は労働組合に加入することにより，労働協約や組合規約に基づきチェック・オフの方法で組合費を支払うことの委任を経営者に申し込むことになります（実際には，黙示

的な申込みであることが多いでしょう）。経営者も，労働組合とチェック・オフ協定を締結しているならば，組合員からの支払委任を承諾したことになります（この承諾も黙示的なものとなるでしょう）。

　このようにチェック・オフが組合員からの委任に基づき行われることから，一つの重要な法的帰結が導かれます。それは，委任という契約は，いつでも解除が可能な契約だという点と関係します（民法651条1項）。つまり，もし組合員から，支払委任を解除するという申し出があると，経営者は，チェック・オフをすることができなくなるのです。

　もちろん，組合員がそのような申し出をすると，労働組合から統制処分を受ける可能性は大です。場合によっては除名処分となるかもしれません。しかし，それは組合の内部問題であり，経営者としては，チェック・オフ協定が適法に締結されていたとしても，従業員（組合員）のほうから支払委任を解除してくれば，チェック・オフを継続することはできないのです。継続すれば法的に根拠のない賃金控除をしたことになり，従業員（組合員）に対して組合費分の賃金の未払いが残ることになります。

　支払委任という法律構成は，経営者にとって面倒な法理のようにも思えますが，ありがたい面もあります。たとえば，労働組合で内紛があって別組合が成立し，そこに組合員が移籍するというような状況が生じたときに，外部からは，従業員がどちらの労働組合に所属しているかはっきりしないことがあります。そのときでも，従業員がチェック・オフの中止（法的には支払委任の解除）を申し込んできたら，労働組合からどんなに要求があっても，チェック・オフを中止しなければならないのです。経営者として，とるべき行動が明確になるということです。

コラム チェック・オフの打切りと不当労働行為

　経営者がチェック・オフ協定を解約したり，あるいは協定なしに慣行的に行ってきたチェック・オフを打ち切ったりすると，法的な問題は生じるでしょうか。

　チェック・オフも他の便宜供与と同様，経営者はそれをする義務はないのですが，いったん労働協約の形にしたり，労使慣行になってしまうと，それを反組合的な意図に基づき打ち切ったと認定されれば，支配介入の不当労働行為（労組法7条3号）となる可能性があります。

　ただし，判例は，チェック・オフ協定が労基法上の適法化要件（労使協定の締結など）を充足していない場合には，それを理由としてチェック・オフ協定を打ち切っても不当労働行為意思は認められないので，支配介入が成立しないとしています（前掲・済生会中央病院事件）。

　最近の裁判例には，チェック・オフの廃止は，労働組合に対し，それによる不利益を与えてもなお廃止せざるをえないという相当な理由があることが必要であり，また，廃止にあたっては，労働組合に対し，その理由を説明し，善後措置等について協議し，十分な猶予期間を設けるなどの手続的配慮をすることが必要であるとし，「このような要件を欠くチェック・オフの廃止は，廃止の目的，動機，その時期や状況，廃止が労働組合の運営や活動に及ぼし得る不利益，影響等の諸要素を総合考慮した上，労働組合の弱体化，運営・活動に対する妨害の効果を持つものといえる場合には，支配介入に当たる」としたものもあります（大阪市事件・東京高判平成30年8月30日）。

労働組合法を学ぶための参考文献

　本書では，基本的なことしか書かれていないため，すでにある程度勉強したことのある人には物足りないところがあるかもしれません。また，本書を読み終えたあと，もっと勉強したいと思う人も出てくるかもしれません。そのような人のために，以下に，労働組合法に関する専門書（労働法全般を扱っているものも含みます）を紹介しておきましょう。まず，代表的なものは，次の二冊です。

　　菅野和夫『**労働法(第12版)**』[2019年，弘文堂]

　　西谷敏『**労働組合法(第3版)**』[2012年，有斐閣]

　また，労働組合法の平成16年改正前に出されたもので，情報がやや古くなっていますが，すぐれた専門書として，次のものを推薦しておきます。

　　山口浩一郎『**労働組合法(第2版)**』[1996年，有斐閣]

　　下井隆史『**労使関係法**』[1995年，有斐閣]

　　盛誠吾『**労働法総論・労使関係法**』[2000年，新世社]

　このほか，逐条解説としては，**西谷敏・道幸哲也・中窪裕也編**『**新基本法コンメンタール 労働組合法**』[2011年，日本評論社]があります。内容が古くなりましたが，好著の誉れが高いものとして，**東京大学労働法研究会編**『**注釈労働組合法(上巻・下巻)**』[1980年・1982年，有斐閣]もあります。

　不当労働行為制度に関して，実務で参考になるものとして，**塚本重頼**『**不当労働行為の認定基準**』[1989年，総合労働研究所]，**道幸哲也**『**不当労働行為の成立要件**』[2007年，信山社]，**宮里邦雄**『**不当労働行為と救済——労使関係のルール**』[2009年，旬報社]があります。

　労働組合法に関係する研究書としては，**道幸哲也**『**労使関係法における誠実と公正**』[2006年，旬報社]，**道幸哲也**『**労働組合の変貌と労使関係法**』[2010年，信山社]，**山川隆一**『**不当労働行為争訟法の研究**』[1990年，信山社]，**大内伸哉**『**労働者代表法制に関する研究**』[2007年，有斐閣]などがあります。

　最後に，筆者の書いたもののなかで，初級者向けとしては，**大内伸哉**『**労働法実務講義(第3版)**』[2015年，日本法令]の第5章が，中級者以上向けとして，**大内伸哉**『**労働の正義を考えよう——労働法判例からみえるもの**』[2012年，有斐閣]の第19話以下がありますので，関心のある方は参照してください。

労働組合による組合員の統制

1◆統制権と憲法28条の精神

　労働組合には，一体性を維持するために組合内部の秩序を定立した
り，その秩序に違反した組合員に対して，統制処分を科したりする権
利があるとされています。このような権利を統制権といいます。

　経営者は，企業の存立と事業の円滑な運営の維持のために必要不可
欠な企業秩序を定立する権限を有しており，従業員はこの企業秩序定
立権に服さなければなりませんが，同時に従業員は，労働組合にも加
入している場合には，組合員として労働組合の統制権にも服さなけれ
ばならないのです。

　統制権がいったいどのような根拠に基づいて認められるかについて
は議論があります。学説には，組合員が組合加入時に，規約に従って
統制権に服することに合意したと解すべきとする契約説や，統制権は
労働組合が団体として本来的に備えている権限であるという固有権説
がありますが，最高裁は，労働組合の統制権は「労働者の団結権保障
の一環として，憲法28条の精神に由来する」と述べています（三井美
唄労組事件・最大判昭和43年12月４日）。憲法28条の定める労働基本
権は，本来，労働者が団結して企業と対抗していくために保障されて
いるものなので，労働基本権を根拠に，労働組合が組合員に対して統
制権をもつというのはおかしいようにも思えますが，この点について，
この判決は次のように述べています。

「労働基本権を保障する憲法28条も，さらに，これを具体化した労働組合法も，直接には，労働者対使用者の関係を規制することを目的としたものであり，労働者の使用者に対する労働基本権を保障するものにほかならない。ただ，労働者が憲法28条の保障する団結権に基づき労働組合を結成した場合において，その労働組合が正当な団体行動を行なうにあたり，労働組合の統一と一体化を図り，その団結力の強化を期するためには，その組合員たる個々の労働者の行動についても，組合として，合理的な範囲において，これに規制を加えることが許されなければならない」。

　また，固有権説に立つかどうかに関係なく，団体には何らかの統制権があるものであり，判例も，「およそ，組織的団体においては，一般に，その構成員に対し，その目的に即して合理的な範囲内での統制権を有するのが通例である」としますが，「憲法上，団結権を保障されている労働組合においては，その組合員に対する組合の統制権は，一般の組織的団体のそれと異なり，労働組合の団結権を確保するために必要であり，かつ，合理的な範囲内においては，労働者の団結権保障の一環として，憲法28条の精神に由来するものということができる」と述べています（前掲・三井美唄労組事件）。労働組合は，憲法的な保障を受けているという意味で，一般の組織的団体とは違うところがあり，そこから特別な統制権も認められるということです。

2◆統制処分と司法審査

　統制処分は，企業秩序を侵害した従業員に対して経営者が懲戒処分を科すのと同様の制裁的な処分といえます。一般に，除名，権利停止，罰金，けん責，戒告などが行われます。経営者としては，労働組合に加入している従業員が統制処分を受けるかどうかは，気になる事柄で

はあるでしょう。しかし，これは労働組合の内部における問題であって，労働組合の自治に任せなければならないことなので，関心を寄せるだけであればかまいませんが，具体的な介入をしたりすると，支配介入の不当労働行為（労組法7条3号）に該当する可能性があるので要注意です。

とはいえ，統制処分のなかでも除名処分となると，ユニオン・ショップ協定が締結されている企業では解雇義務が発生しますので，経営者も無関係ではいられません。

統制処分は組合規約に基づき行われるので，組合規約に照らしてその有効性が判断されますが，より大きな視点として，判例は，「労働組合は，その目的を達成するために必要であり，かつ，合理的な範囲内において，その組合員に対する統制権を有するものと解すべきである」と述べており（前掲・三井美唄労組事件），こうした必要性と合理性の観点から，有効性の判断がなされることになります。

ただ，かりに統制処分の有効性に疑義があったとしても，組合員がそれを裁判で争うことができるかどうか，言い換えると裁判所という国家機関が介入して，労働組合という私的団体（「部分社会」と呼ばれたりもします）の内部でなされた処分の有効性を判断してよいかについては議論があります。それほど多くの裁判事例があるわけではありませんが，労働組合には一種の公的性格があり，その内部での処分は純然たる私的なものとはいえないところがあることから，裁判所は基本的には統制処分の有効性を判断することができるとする立場にあります（組合内部の問題のなかでも，組合の執行部選挙の問題などとなると，統制処分とは異なり，その有効性の審査を裁判所は控えるべきだという考え方も有力です）。

とりわけ除名処分は，前述のように，ユニオン・ショップ協定締結

統制処分と懲戒処分の類似性

　労働組合が組合員に対して行う統制処分は，企業が従業員に対して行う懲戒処分と類似している面があります。まず統制権も，懲戒権と同様，その法的根拠については議論があり，学説上どちらも，固有権説と契約説の対立があります。また，処分の有効性については，懲戒処分は，就業規則の懲戒規定に照らして判断され，統制処分は，組合規約に照らして判断されることになります（ただし，統制処分の場合には，必ずしも懲戒処分における懲戒事由のように細かい統制事由が定められているわけではありません）。さらに，その処分が最終的には規定に該当するとされても，個々の具体的なケースにおいてその処分内容が相当かどうかという権利濫用性の判断が行われることになります（民法1条3項が根拠となります。懲戒処分については労契法15条を参照）。

組合であれば，解雇につながりうる重大な処分になるので，その有効性を裁判で争うことができることにはほぼ異論がありません。除名処分が無効と判断されると，経営者がユニオン・ショップ協定に基づき行った解雇も無効となります（日本食塩製造事件・最2小判昭和50年4月25日）。経営者としては，労働組合が無効な除名処分をしたばかりに，解雇が無効となってしまうのは，とんだとばっちりと言いたいところでしょうが，仕方がありません。経営者は，ユニオン・ショップ解雇にはこうしたリスクがあることを覚悟しておく必要があるのです[⇒第3講]。それがいやであれば，ユニオン・ショップ協定の締結に応じないしかありません。

3◆労働組合の政治活動と組合員の政治的自由との抵触

　労働組合の統制権の範囲について，具体的に判例で問題となったのは，労働組合の政治的な立場と個々の組合員の政治的な自由との対立

があった場合に，どちらが優先するかという点です。

　たとえば，労働組合が公職選挙において，ある候補者を推薦すると決めたときに，それに反対して組合員自らが立候補することは許されるかが裁判で争われたことがあります。判例は，「労働組合は，憲法28条による労働者の団結権保障の効果として，その目的を達成するために必要であり，かつ，合理的な範囲内においては，その組合員に対する統制権を有するが，他方，公職の選挙に立候補する自由は，憲法15条１項の保障する重要な基本的人権の一つと解すべきであって，労働組合が，地方議会議員の選挙にあたり，いわゆる統一候補を決定し，組合を挙げて選挙活動を推進している場合に，統一候補の選にもれた組合員が，組合の方針に反して立候補しようとするときは，これを断念するよう勧告または説得することは許されるが，その域を超えて，立候補をとりやめることを要求し，これに従わないことを理由に統制違反者として処分することは，組合の統制権の限界を超えるものとして許されない」と述べています（前掲・三井美唄労組事件）。

　労働組合が多数決で決めたことであっても，組合員の基本的な自由を保障するという観点から，労働組合の統制力が及ばないこともあるということです。最高裁は同様の判断を，国政選挙において労働組合の決めた候補者以外の候補を応援する活動をした組合員に対して除名処分がなされたケースでも示しています（中里鉱業所事件・最２小判昭和44年５月２日）。

　なお経営者は，組合員であるかどうかに関係なく，職場での政治活動を企業秩序維持の見地から禁止することは認められています（電電公社目黒電報電話局事件・最３小判昭和52年12月13日）。

4◆組合員の協力義務

　最高裁でもう一つ問題となったのは，労働組合が一定の目的をもっ
て臨時組合費を徴収する決議をした場合，それがどこまで組合員を拘
束するかという点です。とくにそれが組合員の政治的信条などに関係
すると難問となります。この点について，最高裁は，次のような一般
論を述べています（国労広島地本事件・最3小判昭和50年11月28日）。

　「労働組合の組合員は，組合の構成員として留まる限り，組合が正
規の手続に従って決定した活動に参加し，また，組合の活動を妨害す
るような行為を避止する義務を負うとともに，右活動の経済的基礎を
なす組合費を納付する義務を負うものであるが，これらの義務（以下
「協力義務」という。）は，もとより無制限のものではない。労働組合
は，労働者の労働条件の維持改善その他経済的地位の向上を図ること
を主たる目的とする団体であって，組合員はかかる目的のための活動
に参加する者としてこれに加入するのであるから，その協力義務も当
然に右目的達成のために必要な団体活動の範囲に限られる」。

　組合員が協力義務を負うということは，その範囲まで労働組合の統
制権が及ぶということです。こうした統制権の範囲は，組合目的達成
のために必要な範囲にかぎられるのです。そこで問題となるのが，労
働組合の目的とは何かという点ですが，その範囲はかなり広いもので
あり，労働組合が組合員のために一定の政治的な目的をもって活動す
ることも，含まれています。だからといって，組合員の政治的な自由
が当然に制約を受けてよいわけではありません。最高裁はこの点につ
いて，次のように述べています（前掲・国労広島地本事件）。

　「労働組合の活動の範囲が広く，かつ弾力的であるとしても，その
ことから，労働組合がその目的の範囲内においてするすべての活動に

つき当然かつ一様に組合員に対して統制力を及ぼし，組合員の協力を強制することができるものと速断することはできない。労働組合の活動が組合員の一般的要請にこたえて拡大されるものであり，組合員としてもある程度まではこれを予想して組合に加入するのであるから，組合からの脱退の自由が確保されている限り，たとえ個々の場合に組合の決定した活動に反対の組合員であっても，原則的にはこれに対する協力義務を免れないというべきであるが，労働組合の活動が前記のように多様化するにつれて，組合による統制の範囲も拡大し，組合員が一個の市民又は人間として有する自由や権利と矛盾衝突する場合が増大し，しかも今日の社会的条件のもとでは，組合に加入していることが労働者にとって重要な利益で，組合脱退の自由も事実上大きな制約を受けていることを考えると，労働組合の活動として許されたものであるというだけで，そのことから直ちにこれに対する組合員の協力義務を無条件で肯定することは，相当でないというべきである」。

　最高裁は，こう述べたうえで，「問題とされている具体的な組合活動の内容・性質，これについて組合員に求められる協力の内容・程度・態様等を比較考量し，多数決原理に基づく組合活動の実効性と組合員個人の基本的利益の調和という観点から，組合の統制力とその反面としての組合員の協力義務の範囲に合理的な限定を加えることが必要である」と述べました。

　労働組合という団体内部において，その団体の利益と個人の利益との調整をどのように行うかは難問です。労働組合は，対外的には統一的な団体として，企業と団体交渉をしたり，団体行動を行ったりしますが，その内部においては，さまざまな考えや利害状況をもった個々の組合員が結集しているのです。それでも，組合員は任意に労働組合に加入している以上，団体としての意思決定は多数決原理に基づき行

われてよく，それによって少数派の組合員の利益が侵害されても，やむをえないように思います。つまり，組合内部の利益調整のやり方は，基本的にはおのおのの労働組合の判断にゆだねてよいはずです。

もっとも，問題が組合員の基本的利益にかかわるような場合には，多数決原理だけで労働組合の決定を組合員に及ぼしてよいわけではなく，やはり少数組合員への配慮も必要なのです。そこでいう基本的な利益の典型は，個人の思想や（政治的）信条にかかわるものでしょう。

国労広島地本事件で問題となった臨時組合費の協力義務（ここでは納入義務）について，最高裁は具体的に次のように判断しています。

まず，他組合の闘争に対する支援資金である「炭労資金」は，組合の目的に合致するとして協力義務を肯定し，安保反対闘争に参加して処分を受けた組合員を救援するための資金である「安保資金」は，組合員個人の政治的思想等に関係する程度はきわめて軽微であるとして，協力義務を肯定しました。

一方，特定の立候補者支援のためにその所属政党に寄附する資金である「政治意識昂揚資金」は，どの政党を支持するかは組合員各人が自主的に決定すべき事柄であるとして協力義務を否定しています。

さらに，「労働者の権利利益に直接関係する立法や行政措置の促進又は反対のためにする活動」は，組合員に協力義務を認めてよいが，安保反対活動そのものは，「個人的かつ自主的な思想，見解，判断等に基づいて決定すべきことであるから」協力義務は認められないと述べています。

こうした臨時組合費も，チェック・オフにより徴収されるので，経営者としては，従業員（組合員）にとって，どの範囲まで納入義務があるかに無関係ではいられません。

団体交渉権と交渉事項

1. 団体交渉権とは

　勤労者には，憲法上，団体交渉権が保障されていますが（28条），そのことの最も大きな意味は，労働組合が団体交渉を申し込んだときに，経営者が正当な理由なしにこれを拒否すると，不当労働行為にあたるという点にあります（不当労働行為については，⇒第8講）。労組法は，「使用者が雇用する労働者の代表者と団体交渉をすることを正当な理由がなくて拒むこと」を不当労働行為として定めて，これを禁止しています（7条2号）。

　労働組合が不当労働行為の救済を労働委員会に申し立て，労働委員会がこれを認容すると，経営者に団交応諾命令が発せられます（労組法27条以下）。このような形で経営者には，従業員が加入する労働組合との団体交渉に応じることが義務づけられています[⇒第1講]。

　他人との交渉を強要されるということは，市民社会においては普通考えられないことです。だれと契約を締結するかは個々人の自由であるのと同様，その前提として，だれと交渉するか，そもそも交渉に応じるかどうかも，個々人の自由のはずです。ところが，労働組合が団体交渉という形で交渉を求めてきたら，経営者にはこれを拒否する自由が，（正当な理由がないかぎり）認められていません。

　団体交渉権は労働法における特別な権利であり，経営者は労働組合の権利の重要性を十分に認識したうえで慎重な対応が求められます。

団体交渉の主体

　企業別組合の上部団体も，組合規約の定めや慣行により，傘下の個々の企業別組合に関係する事項について団体交渉をする権限を保有する場合には，その企業別組合が組織されている企業に対して団体交渉権をもちます。ときには，企業別組合と上部団体は競合して団体交渉をもつこともありえます。その際，両組合がバラバラに団体交渉を申し込んでくると，経営者としては二重交渉を強いられるおそれがあります。そのおそれがあるかぎり，団体交渉を拒否する正当な理由があることになります。つまり，経営者は，組合側に交渉をきちんと一本化するように求めることができるのです。

　企業内に複数の労働組合が併存する場合には，経営者は，どの労働組合とも団体交渉に応じなければなりません。ただ，併存する労働組合が共同交渉を申し込もうとするときは，組合のほうが統一した意思決定のもとに統一した行動をとれることが必要となります（旭ダイヤモンド工業事件・東京高判昭和57年10月13日）。ここでも，経営者は，交渉を一本化するように求めることができるのです。

　交渉担当者については，企業側には法の規制はありませんが，交渉権限のない者を交渉担当者にすることは誠実交渉義務違反となります[⇒第7講]。一方，労働組合側は，労組法において，「労働組合の代表者又は労働組合の委任を受けた者は，労働組合又は組合員のために使用者又はその団体と労働協約の締結その他の事項に関して交渉する権限を有する」と定められています（6条）。そこでいう「労働組合の代表者」は，労働組合が法人の場合には，その地位と権限について，労組法に規定があります（12条から12条の6まで）。「労働組合の委任を受けた者」は，組合員に限定されるわけではなく，弁護士や上部団体の役員などへの交渉権限の委任も可能です。もっとも，労働協約において，組合員以外の第三者への委任禁止条項が設けられることもあり，その有効性については議論がありますが，通説はこれを肯定しています。

　団体交渉の交渉権限と妥結権限や協約締結権限とは，通常，区別されています。協約締結は，労働組合の大会付議事項とされるのが一般的です。

2◆団体交渉と労使協議

　団体交渉とは，労働組合（企業別組合とはかぎりません）と経営者（経営者団体のこともあります）との間で行われる，組合員の労働条件あるいは労使関係上のルールについての交渉です。この団体交渉と似た手続に，労使協議というものがあります。労使協議も，労働組合（あるいは従業員団体）と経営者との間で行われるものですが，法的には，団体交渉と区別されます（実務上は，両者が融合しているような場合もあります）。

　厚生労働省の「労使コミュニケーション調査（平成26年）」によると，労使協議機関があるとする事業所割合は40.3％，職場懇談会があるとする事業所割合は53.7％となっています。その割合は企業規模が大きくなるほど高くなり，また労働組合があるほうが高くなっています（労働組合のある事業所では，労使協議機関がある割合が82.6％ときわめて高くなっています）。

　団体交渉は，前述のように，憲法に根拠をもつ労働組合の権利であり，これに応じることは経営者側の義務です。これに対して，労使協議は，労働協約など労使の合意により設けられる手続であり，法律上の規制はありません（なお，承継法施行規則4条では，会社分割の際に，労働者の理解と協力を得るために，過半数代表との「協議」をする努力義務を分割会社に課しています。承継法7条も参照）。

　また，団体交渉には，労使間で「パイ」の奪い合いをするという対立的な面もあり，交渉がうまくいかなければ，ストライキなどの争議行為が発生することもあります。これに対して，労使協議は，労使が協調的な関係に立って，「パイ」を増やすために，あるいは「パイ」を維持するために協力し合う手続です。労使協議では，経営者から労

働組合に重要な経営情報が伝えられ，労働組合からは，現場の組合員の意見を伝えることができます。また，労働条件に関係する重要事項についての情報なども共有されるなど，まさにコミュニケーションの手段といえます。

　多くの企業では，労使協議の手続を踏んだ後に団体交渉に移行します。労使協議を前置することにより，団体交渉もスムーズにいく可能性が高くなるのです。労使関係がうまくいっているところでは，通常，労使協議がうまく機能しています（労働組合のない企業でも，労使協議かそれに代わるような形の労使コミュニケーションが，広く行われているといわれています）。

3◆義務的団交事項

　労使協議では，経営者は経営にかかわる事項も含めたさまざまな事項を協議の対象としますが，団体交渉では，どうでしょうか。団体交渉が経営者にとっての法律上の義務である以上，どんな団体交渉事項にも応じなければならないとするのは経営者に酷でしょう。

コラム プロ野球の合併問題

　日本プロ野球選手会（日本のプロ野球選手の労働組合。以下，「選手会」）は，平成16（2004）年9月18日と19日に，日本のプロ野球史上初のストライキを行いました。選手会は，大阪近鉄とオリックスの統合問題をめぐり，大阪近鉄からオリックスへの事業譲渡や日本プロフェッショナル野球組織（球団側の組織）への参加資格の統合と，それにともなう選手（組合員）の労働条件について，協議をしていたものの，進展がないため，団体交渉を求めうる法的地位にあることを仮に定める仮処分の申立てをしました。

　裁判所は，保全の必要性がないという理由で申立てを却下しましたが，その判断のなかで，野球協約上は，一球団が保有できる選手の数が70名までと制限されており，本件の事業譲渡によって球団が一つ減少することとなれば，少なくとも譲渡当事者の各球団に所属する選手の労働条件等に影響を及ぼすことは明らかであるとして，事業譲渡などが組合員の労働条件に関係する部分は義務的団交事項であることを認めました（日本プロフェッショナル野球組織事件・東京高決平成16年9月8日）。

　ちなみに選手会は昭和60（1985）年に，東京都労働委員会により法適合組合であると認定されています（法人登記を行うため）。これは，プロ野球選手が労組法上の労働者であることを前提とした判断です〔⇒第2講〕。

　経営者が団体交渉に応じなければならない事項を「義務的団交事項」といいます。どのような事項がこれにあたるかについて法律上の定めはありませんが，裁判例や学説上は「義務的団交事項とは，団体交渉を申し入れた労働者の団体の構成員たる労働者の労働条件その他の待遇，当該団体と使用者との間の団体的労使関係の運営に関する事項であって，使用者に処分可能なものと解するのが相当である」と定義するのが一般的です（たとえば根岸病院事件・東京高判平成19年7月31日）。

　つまり賃金，労働時間・休日・休暇，各種の休業，配置転換，昇進・

昇格，安全衛生，人事，福利厚生，退職など広い意味での労働条件に関係するものも，組合事務所，組合掲示板などの企業施設の利用，組合専従，組合休暇などの便宜供与，ユニオン・ショップ，チェック・オフ，団体交渉のルールなどの組合と経営者との間の労使関係上のものも，すべて義務的団交事項となります。

　問題となるのは経営に関する事項です。経営者のなかには，経営権にかかわる事柄は団体交渉に応じる必要はないと言い切る人もいますが，少し注意を要します。純然たる経営事項であれば，たしかに団体交渉に応じる義務はありませんが，それが雇用面や労働条件面に関係するなら，その点については団体交渉に応じる義務が生じます。たとえば，工場移転をするかどうかは義務的団交事項にはなりませんが，その工場移転が雇用や労働条件に及ぼす影響が交渉議題とされている場合には，団体交渉に応じなければなりません。

4◆個別的労働条件をめぐる団体交渉

　団体交渉とは，労働条件について集団的に決める場であり，そこでの合意である労働協約は，労働条件の「基準」を定めるものです（労組法16条）。現実には，組合員個人の労働条件について団体交渉が申し込まれることがありますが，このような場合も義務的団交事項となるのでしょうか。

　たとえば，ある労働者が解雇された後，地域合同労組に加入し（いわゆる「駆込み訴え」），その労働組合が労働者の原職復帰や金銭補償などを要求事項として，解雇をした企業側に団体交渉を申し込んできたときにこれを拒否すると，不当労働行為となるのでしょうか。

　ここには2つの問題があります。一つは，「駆込み訴え」をした労働者は，労働組合に加入時点ではすでに解雇されていて，その企業と

雇用関係がないので，もはや「使用者が雇用する労働者」には該当せず，企業は団体交渉に応じる必要がないのではないか，というものです（「使用者」性の問題）。この点については，解雇されてもその有効性が争われている間は，雇用関係は確定的に解消されていないので，「使用者が雇用する労働者」に該当すると解されています。なお，雇用関係が確定的に解消されていても，その解消前から顕在化していた懸案事項（未払い賃金問題など）や解消時に生じた懸案事項（退職金の額をめぐる争いなど）について団体交渉が申し込まれている場合には，企業は団体交渉に応じなければならないと解されています。

　もう一つの問題は，個人の解雇問題は純然たる個別的な紛争であり，こうした集団的性格を帯びない事項についても，企業は団体交渉に応じなければならないのかというものです。こうした事項が義務的団交事項でなければ，交渉に応じるか否かは企業の自由ですし，交渉を拒否したり，あるいは誠実に交渉しなかったりするときでも（誠実交渉義務については，⇒第7講），不当労働行為には該当しません。しかし，これまでの通説，判例は，こうした個別的な性格をもつ事項についても，義務的団交事項に該当するとしてきました。

　こうした解釈がなされた背景には，個別的労働紛争の解決手続が未整備だった時代，団体交渉がその代わりとなる役割を果たすことが期待されていたという事情がありました。しかし，個紛法や労働審判法に基づき，個別的労働紛争についての専門の行政上，司法上の解決手続が整備されてきている今日[⇒第9講1コラム]，団体交渉で個別的労働紛争を扱わなければならない実際上の必要性は低下してきているように思えます。そう考えると，実質的には集団的性格をもたない労働紛争（実質的個別紛争）を義務的団交事項とする解釈は見直す時期にきているかもしれません。

コラム 退職労働者に関する団体交渉

　解雇した従業員の解雇をめぐる問題について，あまりにも時間が経過した後であれば，団体交渉に応じることを経営者に求めるのは妥当でないということもあるでしょう。ある程度の期間が経過すれば，もはや「雇用する労働者」ではなく，「使用者」性はないといえるからです。この点について，裁判例には，「使用者」性が認められるのは，解雇されたときから「合理的期間」内に団体交渉を申し込んだ場合にかぎられるとするものもあります（たとえば，オンセンド事件・東京高判平成21年6月18日）。

　この合理的期間がどの程度を指すかははっきりしませんが，判例上は，解雇から6年10ヵ月後に団体交渉が申し込まれた事案で，裁判において解雇の効力を争うなど，漫然と解雇問題を放置していたわけではなく，また組合の結成または加入後はただちに団体交渉を申し込んでいた場合について，経営者に団体交渉に応じるべきとしたものがあります（日本鋼管鶴見造船所事件・最3小判昭和61年7月15日）。

　また，石綿の吸引による中皮腫が退職後に発症した元従業員が新たに加入した労働組合が，退職従業員の健康診断などを求めて団体交渉を申し込んだが，それが退職から8年経過後であったという事例で，「使用者」性を認めた判例もあります（住友ゴム工業事件・大阪高判平成21年12月22日。最高裁（最1小決平成23年11月10日）も同判決を支持しています）。

　逆に，労働契約関係に入る前であっても，裁判例は，「当該労働者との間に，近い将来において労働契約関係が成立する現実的かつ具体的な可能性が存する者」にも「使用者」性が認められることがあると述べ，労働者派遣の事案で，派遣先にも，直用化が決定している派遣労働者との関係で，「使用者」性が認められるとしたものがあります（クボタ事件・東京地判平成23年3月17日）。

団交応諾義務と誠実交渉義務

1◆誠実交渉義務

　第6講でもみたように，労働組合には団体交渉権が保障されており，経営者には団体交渉応諾義務があります。経営者のなかには，経営者側の交渉担当者がたんに交渉のテーブルにつくだけでも十分に誠実性を示していると考えている人もいますが，「誠実」とか「誠意」は，けっして経営者の主観的な心理状態を指すものではありません。アメリカ法由来の「誠実交渉義務」は，もっと客観的で，交渉が実質的に意味のあるものになるようにすることを目的とした義務なのです。

　ところで，誠実交渉義務も，第6講でみた「義務的団交事項」と同様，企業側の団体交渉応諾義務の中核的な内容に関するものであるにもかかわらず，法律上の定義はありません。ただ，ここでも，裁判例および学説上，おおむね共通した理解があります。代表的な裁判例は，次のように述べています（カール・ツァイス事件・東京地判平成元年9月22日）。

　「使用者は，自己の主張を相手方が理解し，納得することを目指して，誠意をもって団体交渉に当たらなければならず，労働組合の要求や主張に対する回答や自己の主張の根拠を具体的に説明したり，必要な資料を提示するなどし，また，結局において労働組合の要求に対し譲歩することができないとしても，その論拠を示して反論するなどの努力をすべき義務があるのであって，合意を求める労働組合の努力に対し

ては，右のような誠実な対応を通じて合意達成の可能性を模索する義務があるものと解すべきである」。

　つまり，誠実交渉義務の核心は，合意達成へと真摯に努力する態度なのです。具体的にどういう態度をとるべきかはケース・バイ・ケースの判断となりますが，交渉事ですので，主張をするとき，反論をするときには，少なくともきちんとした根拠を提示することが必要です。

　誠実交渉義務に違反した場合にも，団体交渉そのものを拒否した場合と同様，不当労働行為が成立します[⇒第8講]。労働委員会では，労働組合から救済が申し立てられて，不当労働行為の成立が認められたときは，使用者に対して，誠実に交渉をせよという命令を発することになります。

2.誠実交渉義務の具体的な内容

　どのような場合に誠実交渉義務違反となるかは，前述のようにケース・バイ・ケースですが，従来の裁判例から，誠実交渉義務として，どのようなことが求められるかの「相場」をつかむことはできます。

　まず，経営者は労働組合の要求に対して，合意達成に向けて，労働組合の理解を得るために資料などを提示して具体的な対応をしなければ，誠実交渉義務違反となります。典型的には，対案の提示をしなかったり，対案を根拠づける資料を提供しなかったり，根拠なく自己の主張に固執したりする場合です（たとえば，エス・ウント・エー事件・東京地判平成9年10月29日［拒否回答をして，その後も具体的な協議に至らなかったり，拒否回答の具体的な根拠等を示さず，対立点を可能なかぎり解消させようとの努力もしていなかったケース］，大和交通事件・奈良地判平成12年11月15日［組合からの要求に対して具体的な資料を提供することなく，一定の回答を繰り返すだけのケース］）。

企業の財務状態を示す計算書類などの提示の求めに応じない場合も，原則として誠実交渉義務違反となります（たとえば，東北測量事件・最２小判平成６年６月13日［組合の賃金引上げ要求に対してゼロ回答をしたことについて，経理資料を提示するなどして，引上げができない理由を詳細に説明しなかったケース］，協和出版販売事件・東京高判平成20年３月27日［組合が，定年延長後の嘱託給の根拠について説明するために，貸借対照表，損益計算書，営業報告書，利益処分案および付属明細資料としての販売管理費明細の５種類の資料の最近５ヵ年分を開示するよう要求したが，開示しなかったケース］）。

　経営者としては，企業別組合以外の地域合同労組などとの団体交渉のように，交渉担当者が自社の従業員でないときは，回答の根拠となるとしても，経営状況に関する情報や資料を出したくないと思うこともあるでしょう。しかし，そのような態度をとると，誠実交渉義務違反となりうるのです。

　このほかにも，たとえば文書による回答に固執し，会見して協議しようとしない場合（清和電器産業事件・最３小判平成５年４月６日），合意達成の意思がないことを明言して交渉にのぞむような場合（倉田学園事件・高松地判昭和62年８月27日），交渉過程で合意に向けた努力がうかがわれない場合（オリエンタルモーター事件・東京高判平成２年11月21日），交渉をいたずらに引き延ばそうとする場合（たとえばいったん交渉妥結した後に新提案を出してくる場合），実質的に交渉権限のない者を交渉に出席させて実のある交渉を阻害している場合などが誠実交渉義務違反にあたります。

　また，労働組合側が，要求事項に関して労働委員会に不当労働行為の救済申立てをしたり，労働審判への申立てや訴訟の提起などをしたとしても，経営者はそのことを理由に団体交渉を拒否できるわけでは

コラム 団体交渉と仮処分

　団体交渉拒否があった場合に，労働組合側は不当労働行為として労働委員会に救済申立てをすることができますが，さらに，裁判所に団体交渉応諾の仮処分の申立てができるかについては議論があります。

　司法の場は権利・義務を確認するところであり，仮処分手続は，通常の訴訟手続（本案訴訟）でそれをするための保全手続です。仮処分を申し立てるためには，保全の対象となる権利（被保全権利）がなければなりません。そこで，団体交渉を求める権利が，被保全権利となるのかが問題となるのです。

　憲法28条や労組法7条は労働組合に対して団体交渉を求める権利を保障しているので，こうした仮処分も当然に認められることになりそうですが，そう話は単純ではありません。団体交渉を求める権利，つまり経営者からすると団体交渉に応じる義務には，内容の特定がむずかしい「誠実交渉義務」が含まれているからです。

　学説および裁判例上は否定説が有力です。その理由としては，①労使間の交渉において，経営者が誠実に交渉していたかどうかは，当該労使関係における微妙な判断を要する事柄であり，裁判所では適切な判断ができないこと，②誠実交渉義務でいう義務とは，労働組合側に具体的な権利（請求権）を付与したものではないこと，③私法上の団交請求権を認めるとしても，経営者の債務の内容を特定するのがむずかしいこと，④団体交渉の履行を裁判上強制してみても実効を期しがたいこと，などがあげられています。

　誠実交渉義務は，労働組合の交渉に誠実に応じる義務ですが，交渉の進展にともないダイナミックに変化していく面があり，義務の特定が困難です。そうしたことから，専門的な行政機関の労働委員会による行政処分として救済命令を発することはできても，裁判所が当事者の権利・義務として確認するのに適したものではないといえるのです。もっとも，企業側が労働組合との交渉に一切応じていなかったり，一定の団交事項を義務的団交事項ではないと主張して団体交渉を拒否しているような場合に，団体交渉を求める法的地位（権利）があることを裁判所が確認することについては前記のような問題はないので，そうした仮処分は認められています（国鉄事件・東京高判昭和62年1月27日）[⇒第10講4]。

ありません（太陽自動車事件・東京地判平成21年3月27日）。

3◆団体交渉の打切り

　誠実交渉義務は，労働組合の要求事項を受け入れる義務ではありません。経営者に求められているのは，前述のように，労働組合との間で合意達成に向けて真摯に努力する態度をとることです。こうした態度で団体交渉にのぞんでいるかぎり，その結果がどうなるかは，まさに交渉の問題なのであって，最終的に互いに歩みよることができずに交渉妥結に至らなかったとしても，それは経営者の責任とはされません。

　つまり，誠実交渉義務には，譲歩の義務までは含まれないということです。しかも，お互いの主張が平行線をたどって，もうこれ以上は交渉の進展が見込めない行き詰まり（デッドロック）の状況になると，もはや誠実交渉義務はなくなり，経営者のほうから交渉を打ち切っても，交渉拒否の「正当な理由」があるとされるのです（池田電器事件・最2小判平成4年2月14日を参照）。

　なお，いったん団体交渉がデッドロックに陥って決裂しても，交渉事項について解決がついていない場合には，再度，交渉義務が発生することはありえます。たとえば，時間の経過にともない，交渉の前提となっていた状況に変化があれば，経営者は再び団体交渉に応じなければならないことがあるので，要注意です（寿建築研究所事件・東京高判昭和52年6月29日も参照）。

コラム 就業規則の不利益変更と誠実交渉義務

　労働条件の不利益変更をめぐって団体交渉が行われている途中に，企業が就業規則を不利益変更して労働条件を引き下げることはできるのでしょうか。企業による就業規則の一方的な不利益変更は，労契法において，周知と合理性を要件として認められています（10条）。団体交渉をしている途中であっても，この要件を満たすかぎり，企業は就業規則を不利益変更してもよいといえそうです。しかも，従業員のなかには労働組合の組合員ではない人もいて，こうした人の労働条件を変更するためには，就業規則の変更をせざるをえません。

　ただ，少なくとも組合員との関係では，団体交渉をしている途中で，その交渉対象となっている事項について，企業が就業規則の変更という形で自己の希望する内容を一方的に実現してしまうという態度は，誠実交渉義務違反と判断される可能性があるでしょう。それは，労契法上，有効とされる行為かどうかとは異なる次元の，集団的な労使関係上の問題なのです。一方，誠実交渉を尽くして，デッドロックの段階までいくと，その後は就業規則の変更により労働条件を変更することは，それが労契法10条の要件を満たしているかどうかに関係なく，誠実交渉義務には抵触しません。

　ただ，就業規則による労働条件の不利益変更が認められるうえでの合理性の判断においては，企業と労働組合の交渉がどのように行われたかがポイントのひとつとなります。労契法10条のいう合理性は，5つの要素に着目して判断されることになっており，そのなかに「労働組合等との交渉の状況」が含まれているからです（そのほかの4つは，不利益の程度，変更の必要性，内容の相当性，その他の就業規則変更に係る事情）。

　したがって，誠実交渉義務に反するような交渉であれば不当労働行為となるだけでなく，就業規則の変更の合理性も認められにくくなるのです。逆に，デッドロックに至るまで団体交渉をして，その後に不利益変更するというのであれば，誠実交渉義務違反とならないだけでなく，就業規則変更の合理性も肯定されやすくなるでしょう[⇒第13講4]。

4.複数組合主義

　日本では，企業内において複数の労働組合が結成された場合，どの労働組合も，労組法の定義を満たしているかぎり，団体交渉を申し込むことができ，経営者がそれを拒否すれば不当労働行為となります。極端なことをいえば，従業員が100人の企業では，（組合員2人ずつで）50の労働組合が結成されうるわけで，経営者は，そのすべての労働組合との団体交渉に応じなければならないのです。

　もちろん現実には，あまりに少人数の労働組合では交渉力がなく存在する意味はないので，企業内に多くの労働組合が乱立することはほとんどありません。ただ，上部の一般労組などの分会が企業内に結成されるということもあり，そうした場合には，企業内の組合員数が1人や2人ということはありえます。

　企業内に複数の労働組合が存在しうる日本の法制の特徴を複数組合主義といいます。法的には，憲法28条が団結権や団体交渉権などを「勤労者」に対して保障している点に，このことは表れています。「勤労者」個人に対し，労働組合を結成し，団体交渉をすることを保障している以上，その人数が何人であろうと関係ありません。こうした法制により，労働者が労働組合を結成する権利は最大限に保障されているのです。実際によくあるパターンは，経営者に対して敵対的で，ときには争議行為も辞さない戦闘的な少数組合と，経営者に協調的な多数組合とが併存するパターンです。経営者は，どんなに敵対的で，企業にとって好ましくないと考える労働組合であっても，団体交渉は誠実に行わなければならないのです。

　複数組合主義は，労組法をめぐるいろいろな法理にも影響しています。たとえば，ユニオン・ショップ協定の効力が別組合の組合員には

及ばないこと[⇒第3講4]，労働協約の一般的拘束力（17条）は別組合の組合員には及ばないこと[⇒第11講3]，併存組合に対して中立的な態度を保持しなければ（中立保持義務に違反すれば）支配介入の不当労働行為（7条3号）に該当すること[⇒第14講]が，そうした例です。

コラム 排他的交渉代表制

アメリカでは，労働組合が団体交渉をするためには，職場や企業など一定の交渉単位において，労働者の過半数の支持を得ることが必要とされています。こうした支持を得た労働組合が独占的な交渉権限を有することができ，これを排他的交渉代表（exclusive bargaining representative）の制度といいます。

団体交渉権をもつ労働組合は，その交渉単位の労働者全員（非組合員や他組合の組合員も含む）を代表して交渉をします。その際には，その労働者全員を公正に代表する義務，すなわち公正代表義務（duty of fair representation）を負います。具体的には，少数派を差別するなど，その利益を不当に侵害してはならない義務です。

日本では，労働組合は組合員の利益だけを代表するのが原則ですが，アメリカの排他的交渉代表制は，そうではなく，非組合員の労働条件も含めて交渉することになるので，ある意味で公的な性格を帯びることになるのです。

日本でも，事業場単位で過半数を組織している労働組合は，過半数代表として就業規則の作成・変更の際の意見聴取を受けたり，三六協定の締結主体となったりして，当該事業場の従業員全員を代表して行動しますが，労働条件の直接的な決定力があるわけではない点で，アメリカの排他的交渉代表権をもつ労働組合と異なります[⇒43頁のコラム]。

不当労働行為とは何か

1.不当労働行為の類型

　不当労働行為というと，経営者が労働者に対して行う不当な行為すべてを含むと考えている人も多いようですが，それは誤りです。不当労働行為とは，労組法7条で限定的に定められているもので，労働組合の団結権，団体交渉権，団体行動権を侵害するような反組合的な行為を指します。たとえば，労働組合と関係しない解雇や配転，あるいはセクシュアルハラスメントやパワーハラスメントのようなものは，不当な行為かもしれませんが，ここでいう不当労働行為にはあたりません。

　労組法7条が禁止する不当労働行為には，次の6つがあります。

　①不利益取扱い（1号前段）…「労働者が労働組合の組合員であること，労働組合に加入し，若しくはこれを結成しようとしたこと若しくは労働組合の正当な行為をしたことの故をもって，その労働者を解雇し，その他これに対して不利益な取扱をすること」

　②黄犬契約（1号後段）…「労働者が労働組合に加入せず，若しくは労働組合から脱退することを雇用条件とすること」

　③団体交渉拒否（2号）…「使用者が雇用する労働者の代表者と団体交渉をすることを正当な理由がなくて拒むこと」

　④支配介入（3号前段）…「労働者が労働組合を結成し，若しくは運営することを支配し，若しくはこれに介入すること」

⑤経費援助（3号後段）…「労働組合の運営のための経費の支払につき経理上の援助を与えること」

⑥報復的不利益取扱い（4号）…「労働者が労働委員会に対し使用者がこの条の規定に違反した旨の申立てをしたこと若しくは中央労働委員会に対し第27条の12第1項の規定による命令に対する再審査の申立てをしたこと又は労働委員会がこれらの申立てに係る調査若しくは審問をし，若しくは労調法による労働争議の調整をする場合に労働者が証拠を提示し，若しくは発言をしたことを理由として，その労働者を解雇し，その他これに対して不利益な取扱をすること」

以上のうち，①，②，⑥はまとめて（広義の）「不利益取扱い」，④と⑤はまとめて（広義の）「支配介入」と呼ばれることもあります。つまり，不当労働行為の類型は大きく括ると，この2つに③の団体交渉拒否を加えた3類型と考えることができます。

2.使用者とは

労組法7条は，「使用者は，次の各号に掲げる行為をしてはならない」と定めており，不当労働行為が禁止される主体は「使用者」となっています。企業別組合を想定すると，企業が「使用者」に該当することは当然なのですが，「使用者」の範囲を，もう少し拡張できないかが問題となることがあります（なお，労基法10条は「使用者」を定義していますが，これは同法上の責任を負うべき主体を定めたものであって，労組法における「使用者」とは関係がありません）。

実際に問題となるのは，親子会社における親会社が，子会社の従業員を組織している労働組合との関係で「使用者」となるか，あるいは，別会社からの従業員を受け入れて働かせている会社が，その従業員を組織している労働組合との関係で「使用者」となるかです。

前者の親子会社の類型については最高裁の判決はありませんが，後者の社外労働者の受入れの類型については以下の最高裁の判例があります（朝日放送事件・最3小判平成7年2月28日）。

　「労働組合法7条にいう『使用者』の意義について検討するに，一般に使用者とは労働契約上の雇用主をいうものであるが，同条が団結権の侵害に当たる一定の行為を不当労働行為として排除，是正して正常な労使関係を回復することを目的としていることにかんがみると，雇用主以外の事業主であっても，雇用主から労働者の派遣を受けて自己の業務に従事させ，その労働者の基本的な労働条件について，雇用主と部分的とはいえ同視できる程度に現実的かつ具体的に支配，決定することができる地位にある場合には，その限りにおいて，右事業主は同条の『使用者』に当たるものと解するのが相当である」。

　つまり，労働者の基本的な労働条件について，労働契約上の使用者と部分的とはいえ同視できる程度に「現実的かつ具体的に支配，決定」できる地位にある場合には，労組法7条の「使用者」に該当するわけです。この判断によると，社外労働者の場合，その労働者と労働契約関係のある企業と並んで，その労働者を受け入れて働かせている企業も，労組法上の「使用者」となる可能性があります。

　親子会社の類型でも，同じような判断基準を用いて，親会社が，子会社の従業員の基本的な労働条件について，子会社と同視できる程度に現実的かつ具体的に支配，決定することができる地位にある場合には，「使用者」性が肯定されると解してよいでしょう。

　「使用者」性は，管理職による行為がどこまで使用者に帰責されるかという観点から問題となることもあります。実際に判例で問題となったのは，管理職による脱退勧奨が，支配介入の不当労働行為となるかどうかです。この点について，最高裁は，「使用者の利益代表者

に近接する職制上の地位にある者が使用者の意を体して労働組合に対する支配介入を行った場合には，使用者との間で具体的な意思の連絡がなくとも，当該支配介入をもって使用者の不当労働行為と評価することができる」と述べています（JR東海（新幹線・科長脱退勧奨）事件・最2小判平成18年12月8日）。

3. 不利益取扱い

　不利益取扱いとは，労働組合の組合員であることや正当な組合活動をしたことなどを理由として，組合員に対して差別的な取扱いをすることを指し，解雇，降格，懲戒処分，査定差別などがその典型です。

　配転は，それによって賃金の減少がないかぎり，「不利益」な取扱いには該当しないようにも思えますが，不利益性は経済的不利益だけとはかぎりません。「職場における従業員の一般的認識に照らしてそれが通常不利益なものと受け止められ，それによって当該職場における組合員らの組合活動意思が萎縮し，組合活動一般に対して制約的効果が及ぶようなもの」であれば，不利益性は肯定されます（西神テトラパック事件・東京高判平成11年12月22日）。つまり，組合活動への不利益や精神的不利益をもたらす場合にも，不利益取扱いと認められるのです。

　不利益取扱いの不当労働行為が成立するためには，それが「労働組合の組合員であること」「労働組合に加入し，若しくはこれを結成しようとしたこと」または「労働組合の正当な行為をしたこと」を理由とするものでなければなりません。

　「労働組合の組合員であること」とは，労働組合のなかの一部のグループ（たとえば，企業と協調的な執行部に反対するグループ）に属することも含まれます。裁判例でも，組合内部のあるグループに属す

ることを理由に，査定差別をしたという場合には不当労働行為が成立するとしたものがあります（北辰電機製作所事件・東京地判昭和56年10月22日）。

「労働組合に加入し，若しくはこれを結成しようとしたこと」を理由とする不利益取扱いもあるということは，まだ組合員になっていない場合や，労働組合が結成されていない場合でも，個々の労働者が不当労働行為の救済申立てをすることがありうることを意味します。不当労働行為の救済申立てをするためには，労働組合は資格審査を受けなければなりませんが（労組法5条1項）[⇒第2講]，その但書で，この資格審査が「第7条第1号の規定に基く個々の労働者に対する保護を否定する趣旨に解釈されるべきではない」とされているのは，このような場合を想定しているからです。

「労働組合の正当な行為をしたこと」については，「労働組合の行為」とは何か，あるいは「正当な」とは何かが問題となります。前者については，組合内部の少数派の行為は，「労働組合の行為」といえるのかという論点があります。労働組合が明示的に指示してはいなくても，組合の方針に反せず，組合が黙示的に承認をしていたと評価することができる行動については，「労働組合の行為」と解されます。また，労働組合の役員などの選挙において少数派が行う選挙活動や，組合内部での意思形成過程において少数派が執行部を批判する言論活動等についても，民主的な団体である労働組合において当然に想定されている行動なので，やはり「労働組合の行為」と解されます。

後者の「正当な」については，団体行動（争議行為・組合活動）の正当性についての判断[⇒第16講，第17講]が，原則としてあてはまることになります。ただし，その行為だけをみると，団体行動としての正当性が認められない場合でも，それに対抗する経営者の措置があまりに

コラム 採用拒否と不利益取扱い

　判例は，採用拒否について，労組法7条1号後段の黄犬契約に該当するような場合を除き，不当労働行為には該当しないという立場です（JR北海道・日本貨物鉄道事件・最1小判平成15年12月22日）。企業の採用の自由を尊重した解釈です（採用の自由については，三菱樹脂事件・最大判昭和48年12月12日）。

　企業別組合の場合には，採用されてから加入するので，採用時の組合差別は考えられませんが，労働組合のすべてが企業別組合というわけではありません。企業外部の労働組合（産業別組合など）にまず加入して，それから就職先を探すということもありえます。そうした場合には，労働組合の組合員であることを理由とする採用拒否が起こりうるのです。

　労働組合からの脱退を条件として採用するのは，黄犬契約に該当するので不当労働行為となりますが，それならば，労働組合に加入していることを理由とする採用拒否を不当労働行為とするのも当然のように思えます。そのため，学説の圧倒的多数は判例に批判的で，採用時の組合差別は，黄犬契約に該当しない場合でも，労組法7条1号前段の不当労働行為に該当すると解しています。

　なお，判例も，採用拒否が従前の雇用契約関係における不利益な取扱いにあたるなどの特段の事情が認められる場合には，不利益取扱いに該当する余地を認めています（前掲・JR北海道・日本貨物鉄道事件）。有期労働契約の反復更新後の雇止めや定年後の再雇用拒否がこうした例に該当するでしょう。事業譲渡の場合において，譲渡先が譲渡元の従業員が労働組合に加入していることを理由として，受入れ拒否をした場合も，不利益取扱いに該当しうるでしょう（青山会事件・東京高判平成14年2月27日を参照）。

不利益性の大きいものである場合には，不当労働行為が成立する可能性はあります。そうした労働組合の行為は，7条1号との関係においては，正当性があると判断されることになるのです（たとえば，勤務時間中の組合バッジ着用は正当性を欠く組合活動とされていますが，これに対して懲戒解雇という重い処分をする場合）。

不利益取扱いの不当労働行為が成立するためには，こうした不利益な取扱いを経営者が不当労働行為意思をもって行った場合であることが必要です（条文上は，「故をもって」という文言が，不当労働行為意思が要件となることを示しています）。

　この点でしばしば問題となるのが，経営者側に反組合的な意図があるものの，他方で業務上の必要性もあるという場合です。たとえば，勤務成績が著しく悪い組合幹部が解雇されたようなときです（動機あるいは理由の競合といいます）。このときには，どちらが決定的な動機かによって決まります。つまり，勤務成績の低さよりも反組合的な意図のほうが決定的な動機となって解雇されたならば，不当労働行為意思が認められます。その判断は必ずしも容易ではありませんが，これまでの経営者の発言から反組合的意図が認められるような場合，あるいは先例に照らして重すぎる処分であるような場合，処分がなされた時期が，組合結成時や組合活動が活発になった時期と重なるような場合には，反組合的意図が決定的であると認められやすいでしょう。

4◆団体交渉拒否と支配介入

　団体交渉拒否の不当労働行為[⇒第6講, 第7講]は，不利益取扱いの不当労働行為とは違い，経営者の不当労働行為意思を要件としません。つまり，反組合的意図がなく，法の無知により団体交渉を拒否したり，誠実交渉義務の意味を誤解していたりしたような場合でも，不当労働行為が成立しますので，経営者としては要注意です。

　支配介入の不当労働行為には，労働組合を弱体化させるさまざまな行為が含まれます。不利益取扱いや団体交渉拒否に該当する行為が同時に，支配介入に該当することもあります。

　支配介入は細かくみると，「労働組合の結成に対する支配介入」と「労

働組合の運営に対する支配介入」があります。前者の例としては，組合結成への公然たる非難や不利益措置の予告，組合結成の中心人物に対する不利益措置，組合員への脱退勧奨や非組合員への不加入の働きかけ，御用組合の結成などがあげられます。後者には，正当な団体行動に対する妨害行為，役員選挙や組合人事などの労働組合の内部運営への介入，組合活動の中心的人物に対する不利益措置，組合幹部の懐柔，別組合の結成に対する援助や優遇などがあげられます。

　支配介入の成否については，本書でも各所で言及していますが，その他に問題となる紛争類型のひとつが，使用者の言論が不当労働行為となることがあるか，です。労働組合の結成・運営に影響を与える可能性があれば，およそ支配介入となるという見解もありますが，これはやや広すぎるでしょう。一方，労働組合への加入や組合活動をすることについて，報復や暴力の威嚇または利益供与を示唆しているような言論は，支配介入に該当すると解すべきでしょう（プリマハム事件・東京地判昭和51年5月21日を参照）。

　経理上の援助（経費援助）については，第2講2を参照ください。

コラム 支配介入と不当労働行為意思

　支配介入の成立に，不当労働行為意思が必要かどうかについては議論があるところです。経営者に，自らの行為が支配介入の不当労働行為に該当するかどうかの認識や認容が必要とまではいえませんが，反組合的な意図をもって行われたものである必要はあるといえるでしょう。判例には，主観的認識や目的がなくても不当労働行為が成立すると述べたものがある（山岡内燃機事件・最2小判昭和29年5月28日）一方，組合弱体化の意図が推認されることに言及して不当労働行為の成立を肯定したものもあります（日産自動車（組合事務所）事件・最2小判昭和62年5月8日など）。

第9講 不当労働行為の救済手続

1◆労働委員会とは

　労働委員会とは，労使間の集団的紛争を専門的に解決することを目的とする行政機関です。主として，不当労働行為事件の処理と労調法に基づく争議調整（あっせん，調停，仲裁）を行います。

　労働委員会には中央労働委員会（中労委）と都道府県労働委員会（都道府県労委）とがあります（労組法19条2項。従前の地方労働委員会は，平成17（2005）年に都道府県労働委員会に名称変更されました）。都道府県労委は，都道府県知事の所轄のもとに各都道府県に設けられています（19条の12第1項）。中労委は全国に一つで，厚生労働大臣の所轄のもとにあります（19条の2第1項）。中労委は，行政執行法人における事件について専属的に管轄するほか，2つ以上の都道府県にわたり，または全国的に重要な問題に係る事件について優先管轄権をもちます（25条1項）。さらに，都道府県労委の発した命令についての再審査も行います（27条の15）。

　労働委員会の委員は，公益委員，労働者委員，使用者委員の三者構成となっています（19条1項）。中労委の公労使委員は各15名（19条の3第1項），都道府県労委は委員会ごとに人数が異なります（最大で各13名，最低でも各5名。19条の12第2項）。不当労働行為事件を処理するのは公益委員ですが，労働者委員と使用者委員も，調査（公益委員の求めがあった場合にかぎられます）および審問の手続に参与

できます（24条1項）。

　委員の任命は，使用者委員，労働者委員はそれぞれ使用者団体，労働組合の推薦に基づいて行われます。公益委員は，使用者委員と労働者委員の同意を得た者のなかから任命されます（19条の3第2項，19条の12第3項。委員の2名までは常勤委員を任命することができます（19条の3第6項，19条の12第6項））。委員の任期は2年で，再任可能です（19条の5，19条の12第6項）。

　労働委員会は，独立の行政委員会であり，所轄の厚生労働大臣や都道府県知事の指揮命令を受けずに独立して，労組法および労調法に規定する権限を行使します。

　労働委員会の権限としては，前述の不当労働行為事件の処理および労調法上の争議調整以外に，次のようなものがあります。

　①労働組合の資格審査（公益委員のみが参与。5条）

コラム 労働委員会による個別労働関係紛争の処理

　労働委員会は，元来，集団的労使紛争の解決機関ですが，平成11（1999）年の地方自治法の改正により，都道府県知事は個別紛争の解決を都道府県労委に委任できるようになり（地方自治法180条の2），実際にも，一部の都道府県労委（東京都，兵庫県，福岡県）以外の道府県でそのような委任が行われています（個紛法20条を参照）。

　その一方，最近では，個紛法における都道府県労働局における助言・指導や紛争調整委員会によるあっせんなどのほか，裁判所でも労働審判法により，個別労働関係民事紛争についての労働審判手続が設けられるなど，個別労働紛争の解決手続は急速に整備されています。こうした解決手続と比べてみると，労働委員会による個別労働関係紛争処理は，公労使三者構成の委員によって行われる点にその特徴があります。これらの個別労働関係紛争処理手続は，労働者からだけでなく企業のほうからも申請することができます。

②労働協約の地域的な一般的拘束力の決議（18条）

③強制的な権限の行使（22条）

このうち③は，労働委員会が，その職務を行うために必要があると認めたときに，使用者またはその団体，労働組合その他の関係者に対して出頭，報告の提出，必要な帳簿書類の提出を求めたり，委員か労働委員会の職員に，関係工場事業場に臨検し，業務の状況もしくは帳簿書類その他の物件の検査をさせることができる権限です。

2. 不当労働行為の救済手続

使用者が労組法7条で禁止されている不当労働行為を行った場合，労働組合や組合員である労働者は，労働委員会に救済を申し立てることができます。不当労働行為事件の初審は，原則として都道府県労働委員会です。労働組合が救済を受けるためには，労働委員会での資格審査を受けなければなりません（5条1項）[⇒第2講3]。実務上は，資格審査は，事件の審査を先に進めて，不当労働行為の救済命令を出すまでに行うものとされています（併行審査主義）。

申立てがなされると，事件は労働委員会に係属し，審査が開始されます。申立ては，行為の日（継続する行為については，その終了日）から1年以内に行わなければなりません（27条2項。この期間は時効ではなく除斥期間とされているので，途中で進行が止まることはありません）。

審査は，調査と審問とに分かれます。このうち調査とは，労使双方の主張を聴いて争点と証拠を整理するなど，審問の準備を行う手続を指します。労組法の平成16（2004）年改正で，迅速かつ計画的な審査を行うために，審問開始前に，①調査を行う手続において整理された争点および証拠，②審問を行う期間および回数ならびに尋問する証人

の数，③命令の交付の予定時期，を記載した審査計画を作成すること
になりました（27条の6第1項，2項）。

　一方，審問とは，当事者の主張・立証活動により，不当労働行為の
成否について事実認定を行う手続です。審問は公開を原則とし（労委
則41条の7第2項），その中心的な手続は証拠調べです。労組法は，
申立人，被申立人が証拠を提出し，証人に反対尋問をする十分な機会
が与えられなければならないと定めています（労組法27条1項）。

　平成16（2004）年改正では，審査の的確化を目的として，労働委員
会は当事者の申立てか職権により，「事実の認定に必要な限度におい
て，当事者又は証人に出頭を命じて陳述させること」ができることに
なりました（労組法27条の7第1項1号）。これを「証人等出頭命令」
といいます。

　審問の結果，命令を発するに熟したと認められれば審問は終結され
ます（労委則41条の8第2項）。審問終結の前には，当事者に最後陳
述の機会が与えられなければなりません（労組法27条の12第2項，労
委則41条の8第1項）。そして，労働委員会は事実の認定をし，この
認定に基づいて，申立人の請求に係る救済の全部もしくは一部を認容
する命令や，申立てを棄却する命令を発します（労組法27条の12第1
項。救済命令については，⇒第10講）。

　労働委員会は審査の途中，いつでも当事者に和解を勧めることがで
きます（27条の14第1項）。和解が成立し，当事者双方の申立てに基
づき，和解内容が当事者間の労働関係の正常な秩序を維持させ，また
は確立させるため適当と労働委員会が認めるときは，審査の手続は終
了します（同条2項）。このときには，すでに発せられている救済命
令があっても，それは効力を失います（同条3項）。

　このほか，当事者間において自主的に，あるいは労働委員会の関与

により和解が成立して，申立人が申立てを取り下げることにより審査手続を終了させることもあります。取下げは，命令書の写しが交付されるまでは，いつでも，申立ての全部または一部について可能です（労委則34条1項）。取り下げられた部分は，申立てがはじめから係属しなかったものとみなされます（同条4項）。労使関係は継続的なものなので，命令によって裁判のように白黒の決着をつけるよりも，当事者間の合意による終結のほうが禍根を残さずに望ましいともいえます。前記の労組法上の和解に関する規定は，平成16（2004）年改正で導入されたものですが，これは和解のもつこうした効用を重視したからです（それ以前は，労委則において，和解の勧告の規定が設けられていました（旧38条））。

> ## コラム 物件提出命令
>
> 　民事訴訟では，裁判所による文書提出命令（民事訴訟法223条）が定められていますが，労働委員会でも物件提出命令の規定があります（労組法27条の7第1項2号）。これも，証人等出頭命令と並んで，平成16（2004）年改正により導入されたものです。
>
> 　物件提出命令とは，事件に関係のある帳簿書類その他の物件であって，当該物件によらなければ当該物件により認定すべき事実を認定することが困難となるおそれがあると認めるものの所持者に対して，当該物件の提出を命じる処分を指します。この命令を発するうえでは，「個人の秘密及び事業者の事業上の秘密の保護に配慮しなければならない」とされています（同条2項）。正当な理由なく，命令に違反して物件を提出しない者には過料が科されます（32条の2第2号）。
>
> 　物件提出命令にもかかわらず物件を提出しなかった当事者は，正当な理由があると認められる場合を除き，取消訴訟において，当該物件提出命令にかかる物件により認定すべき事実を証明するために，当該物件に係る証拠の申し出をすることはできません（27条の21）。

3.◆争議調整

　労働委員会の任務として，もう一つ重要なものが，前述した労調法による争議調整です。

　労調法は昭和21年に制定された古い法律で，「労働組合法と相俟って，……労働争議を予防し，又は解決して，産業の平和を維持し，もって経済の興隆に寄与することを目的とする」ものです（1条）。ただ労使紛争の解決は，あくまで当事者が自主的に行うものであり，当事者は誠意をもって労働争議を自主的に解決するよう努力する義務があります（2条，3条）。

　労調法にいう労働争議とは，「労働関係の当事者間において，労働関係に関する主張が一致しないで，そのために争議行為が発生してゐる状態又は発生する虞がある状態をいふ」と定義されています（6条）。

　そこでいう争議行為については，「同盟罷業，怠業，作業所閉鎖その他労働関係の当事者が，その主張を貫徹することを目的として行ふ行為及びこれに対抗する行為であって，業務の正常な運営を阻害するものをいふ」と定義されています（7条）。この争議行為の定義は，あくまで争議調整の対象となるものは何かという観点からのものであり，憲法28条で保障されている団体行動のひとつとしての争議行為の定義とは区別して考えるべきものです（たとえば，労調法7条の争議行為概念には，「作業所閉鎖」のように，憲法28条で保障されていない使用者の争議行為も含まれています）[⇒128頁のコラム]。

　争議調整の方法としては，あっせん（斡旋），調停，仲裁が定められています。

　このうちまず，あっせんとは，あっせん員が関係当事者間をとりもって，双方の主張の要点を確かめ，事件が解決されるように努める手続

です（労調法10条以下）。あっせん手続は当事者の一方または双方の申請，あるいは労働委員会の会長の職権で開始されますが，実際は労働組合の申請による場合がほとんどです。この場合，相手方（多くは経営者）はあっせんに応じる法的義務はなく，応じなければ，あっせん員を指名しただけであっせんは終了します。あっせん員は，あっせん員候補者名簿のなかから，会長が指名します（10条，12条）。

　あっせん作業に入っても，あっせん案の提示に至らずに手続が終了することもあります。また，あっせん案が出されても，それを受諾するかどうかは当事者の自由です。あっせん員は，自分の手では事件が解決される見込みがないときは，あっせんを打ち切ってその事件から手を引き，事件の要点を労働委員会に報告しなければなりません（14条）。

　次に，調停とは，労働委員会に設けられる調停委員会が関係当事者から意見を聴取して調停案を作成し，その受諾を勧告する手続です（17条以下）。調停委員会は公労使三者構成です（19条）。当事者双方の申請によって開始するのが原則ですが，一定の例外はあります（18条）。調停案を受諾するかどうかは，当事者の自由です。

　最後に，仲裁とは，労働委員会に設けられる仲裁委員会が，労働協約と同一の効力を有する仲裁裁定を下す手続です（29条以下）。仲裁は，両当事者を拘束する手続なので，当事者双方の申請により開始されます（30条1号）。ただし，労働協約の定めに基づく場合には当事者の一方からの申請でもよいとされています（同条2号）。

　以上のうち，実際に行われるもののほとんどが，あっせんです。平成29（2017）年の新規係属件数をみると，あっせん278件，調停6件，仲裁は1件でした（中央労働委員会のHP）。仲裁はさておき，調停の利用件数も少ないのは，調停があっせんよりもフォーマルな手続であ

ることに加え，あっせんでもあっせん案が出されることが多いなど，調停に近い手続になっているからです（調停的あっせんと呼ばれたりもします）。

　前述のように，経営者は，労働組合からのあっせん申請に対して，あっせんに応じることを拒否することもできますが，迅速かつ円満な紛争の解決を望むのなら，できるだけあっせんに応じて，労働委員会の手を借りる道をとるほうが得策であることが多いでしょう。とくに交渉や協議がうまくいっていない場合には，あっせんが不調に終わると，次に不当労働行為の救済申立てがなされて，紛争が長期化する可能性が高いことも念頭に置いておく必要があります。

コラム 公益事業における争議についての特別な規制

　公益事業における争議については，特別な規定が設けられています。公益事業とは，運輸事業，郵便・信書便・電気通信の事業，水道・電気・ガス供給の事業，医療・公衆衛生の事業であって，公衆の日常生活に欠くことのできないものを指します（労調法8条1項）。公益事業において争議行為を行うためには，開始日の10日前までに労働委員会および厚生労働大臣または都道府県知事に予告をしなければならず（37条），通知を受けた厚生労働大臣または都道府県知事は，ただちに公衆が知ることのできる方法によってこれを公表しなければなりません（労調法施行令10条の4第4項）。

　また，公益事業において，争議行為による業務停止が国民経済の運行を著しく阻害し，または国民の日常生活を著しく危うくするおそれがあると認められる事件については，内閣総理大臣は緊急調整の決定をすることができ（労調法35条の2），その決定があると，その公表の日から50日間，争議行為が禁止されることになります（38条）。これは，憲法上保障されている争議権に対する重大な制約であり，これまで一度しか行使されたことがありません。

第10講 不当労働行為の救済命令

1. 救済命令の内容

　労働委員会は不当労働行為があったと判断した場合には，救済命令を発し，そうでない場合には棄却命令を発します（労組法27条の12）。

　労働委員会が，具体的にどのような内容の救済命令を発するかについては，広い裁量をもって決定できると解されています（後述）。この点について，最高裁は次のように述べています（第二鳩タクシー事件・最大判昭和52年2月23日）。

　「（労働組合）法27条に定める労働委員会の救済命令制度は，労働者の団結権及び団体行動権の保護を目的とし，これらの権利を侵害する使用者の一定の行為を不当労働行為として禁止した法7条の規定の実効性を担保するために設けられたものであるところ，法が，右禁止規定の実効性を担保するために，使用者の右規定違反行為に対して労働委員会という行政機関による救済命令の方法を採用したのは，使用者による組合活動侵害行為によって生じた状態を右命令によって直接是正することにより，正常な集団的労使関係秩序の迅速な回復，確保を図るとともに，使用者の多様な不当労働行為に対してあらかじめその是正措置の内容を具体的に特定しておくことが困難かつ不適当であるため，労使関係について専門的知識経験を有する労働委員会に対し，その裁量により，個々の事案に応じた適切な是正措置を決定し，これを命ずる権限をゆだねる趣旨に出たものと解される」。

最高裁は，労働委員会を，「正常な集団的労使関係秩序の迅速な回復，確保を図る」ために救済命令を発する権限が与えられている，労使関係の専門的知識経験を有する機関と述べています。労働委員会が救済命令の内容について広い裁量権をゆだねられるのは，このためです。

　労働組合側は，救済申立ての際に，「請求する救済の内容」を記載します（労委則32条2項4号）が，労働委員会は，それには拘束されません。労働委員会の発する命令は，典型的な事例においてはだいたい決まっています。たとえば不利益取扱いの類型の不当労働行為であれば，そのような不利益取扱いがなかったものと取り扱う旨の命令（解

コラム　抽象的不作為命令

　抽象的不作為命令とは，使用者が同種の不当労働行為を将来にわたって繰り返すおそれがある場合に，包括的・抽象的に不作為を命じる救済命令です。

　最高裁は，「被申立人は従業員の賃金支払について申立人組合員と臨時工たる非組合員との間に自今遅速の差別を付けてはならない」という命令の適法性が争われた事件で，「さきになされた不当労働行為が単なる一回性のものでなく，審問終結当時には，何らかの事情ですでに解消されていても，再び繰り返えされる虞れが多分にあると認められる場合においては，不当労働行為制度の目的に照らし，その予想される将来の不当労働行為が過去の不当労働行為と同種若しくは類似のものである限り，労働委員会は予めこれを禁止する不作為命令を発するを妨げない，と解するのが相当である」と述べて，結論として，前記命令を適法と判断しています（栃木化成事件・最3小判昭和37年10月9日）。

　こうした命令とは異なり，より抽象的に，今後，労働組合の運営に介入してはならないというような命令は，不当労働行為をしないという規範を制裁の裏づけをもって強制していることになり（後述のように，確定した命令に違反した場合には行政罰や刑罰が科されます），現実に行われた規範違反行為を是正して労使関係の正常化をはかるという救済命令の目的を逸脱するものなので，違法と解されます。

雇や配転であれば原職復帰命令，昇格差別であれば昇格命令など），団体交渉拒否の類型の不当労働行為であれば，団体交渉応諾命令や誠実交渉命令です。支配介入の類型の不当労働行為であれば，そのような行為をしないように禁止する命令ですし，さらに不当労働行為をしたことの謝罪や今後繰り返さないことの誓約などを記載した文書の掲示（ポスト・ノーティス）や手交などを命じる命令もあります（文書掲示は，とくに中小企業には大きな打撃を与えて，かえって労使関係の正常化にマイナスとなることがあるので，文書手交しか命じないという労働委員会もあります）。

2◆救済の必要性

不当労働行為が成立していたとしても，命令を出す時点で労使関係が正常化していれば，もはや救済の必要性（救済利益）がないとして労働委員会は救済申立てを棄却することになります。たとえば団交拒否事件で，過去において経営者が団体交渉に応じないことがあったとしても，その後に団体交渉に応じていれば，もはや団交応諾命令を発することはできません。不当労働行為は，経営者の過去の行為に対する懲罰を科すことを目的とした制度ではないからです。

最高裁で争われたのは，もう少し複雑な事件です。ある労働組合が，時限ストライキの際に組合員に対して1日分の賃金カットをされたことが不利益取扱い（労組法7条1号）と支配介入（3号）の不当労働行為に該当するとして，救済申立てをしました。賃金カットされた組合員25名のうち11名は，その後，脱退したり，退職したりして組合員の身分を喪失していました。労働委員会では，賃金カットされた分を支払うことを内容とする救済命令を発しましたが，会社はこの命令の取消を求めて訴えを提起しました。そこで問題となったのが，すでに

組合員ではなくなった11名の賃金カットについて，不当労働行為の救済利益が労働組合に認められるのか，ということでした。

　最高裁は，不利益取扱いは組合員個人を対象としたものであるが，それにより労働組合の利益も侵害されているので，基本的には，労働組合には，組合員とは独立した固有の救済利益があるとします。ただし，労働組合の求める救済内容が組合員個人の利益を回復するという形をとっている場合には，その組合員の意思を無視して実現させることはできないので，組合員がその利益を放棄する積極的な意思表示をしている場合は，労働組合はそうした救済を求めることはできない，と述べました（旭ダイヤモンド工業事件・最3小判昭和61年6月10日。ただし，この事件では組合員のそのような意思表示は認められないとして，救済利益が肯定されています）。

　また，経営者が過去に不当労働行為を行っていたが，その後の状況の変化により救済の必要性がなくなったときでも，なお経営者の不当労働行為責任を明確にしておくことが，今後の正常な労使関係の運営のために必要と考えられる場合には，不当労働行為を確認する命令（確認的命令）を発することができるとする考え方もあります（実例として，日本電信電話公社事件・中労委命令平成18年2月15日など）。

3◆救済命令の取消訴訟

　都道府県労委の命令に対して不服のある当事者は，中労委に再審査を申し立てることができますし，再審査を申し立てずに，裁判所に対して，命令の取り消しを求めて行政訴訟（取消訴訟）を提起することもできます（なお，労働組合側は再審査の申立てと取消訴訟の提起を同時に行うことができます）。中労委による再審査の命令についても，取消訴訟を提起できます。つまり不当労働行為事件は，一番長ければ，

都道府県労委，中労委，地方裁判所，高等裁判所，最高裁判所と5つの段階で争われることとなります。このことは，紛争の終局的な解決に至るまで長い期間を要する可能性があることを意味しており，その適否については議論があるところです。

取消訴訟では，労働委員会における不当労働行為の成否の判断は厳格に審査されますが，救済命令については，最高裁は「労働委員会に広い裁量権を与えた趣旨に徴すると，……裁判所は，労働委員会の右裁量権を尊重し，その行使が右の趣旨，目的に照らして是認される範囲を超え，又は著しく不合理であって濫用にわたると認められるもの

コラム 救済命令の効力

救済命令は，交付の日から効力が発生します（労組法27条の12第4項）。そのため，経営者はただちに命令を履行しなければならないのですが，不履行に対して制裁が科されるのは命令が確定してからです。

命令が確定するのは，まず命令が出されてから30日以内に取消訴訟が提起されない場合です（27条の13第1項，27条の19第1項）。こうして確定した命令に違反した使用者には，50万円（作為を命じるものであるときは，不履行の日数が5日を超えるときに，その超える日数1日につき10万円が加算されます）以下の過料という行政罰が科されます（32条2文）。また，命令に対して取消訴訟が提起され，それが確定判決によって支持されたときには，命令に違反する行為をした者に対して，1年以下の禁錮もしくは100万円以下の罰金またはその双方が科されます（28条）。禁錮や罰金は行政罰ではなく刑罰なので，それだけ重いものとなっています。

また，労働委員会が救済命令を発した後に，使用者が取消訴訟を提起した場合，労働委員会は緊急命令を申し立てることができます。緊急命令とは，判決の確定に至るまで救済命令等の全部または一部に従うべき旨を命じるものです（27条の20）。この命令に違反した場合にも，確定した命令と同様の行政罰が科されます（32条1文）。

でない限り，当該命令を違法とすべきではない」と述べています（前掲・第二鳩タクシー事件）。前述のように，どのような救済命令を発するかは，労働委員会の判断を尊重すべきとしているのです。

　もっとも，最高裁は，労働委員会の裁量には，不当労働行為救済制度の趣旨や目的に由来する一定の限界も存するとし，具体的には「救済命令は，不当労働行為による被害の救済としての性質をもつものでなければならず，このことから導かれる一定の限界を超えることはできない」と述べています（前掲・第二鳩タクシー事件）。この事件では，解雇が不利益取扱いと認定された救済命令において，労働委員会では，原職復帰に加えて，解雇された組合員が解雇期間中に得た収入（中間収入）を控除しないバックペイの支払を命じたのですが，最高裁は，本件では，中間収入を控除しないバックペイ支払命令は違法であると判断しています。

　また別の判決では，労働委員会の救済命令は，それによって作出される事実上の状態が，私法上の法律関係から著しくかけ離れるものである場合には違法となるとする考え方も示しています（ネスレ日本（東京・島田）事件・最1小判平成7年2月23日）。

4◆行政救済と司法救済

　不当労働行為の審査では，対審構造で，証拠に基づき事実を認定し，不当労働行為の該当性を判断して白黒の決着をつけるという点で，訴訟手続との類似性があります。そのため，不当労働行為の救済手続は，準司法的手続といわれたりもします。また，労働委員会の救済命令に対して取消訴訟が提起されると，その後は裁判所での司法手続となります。ただ，そこでは経営者が原告となり，労働委員会が被告となります（ただし，労働組合側も補助参加人として手続に加わるのが通常

です）。棄却命令が発されて，労働組合側が取消訴訟を提起すること
もあります。その場合も，労働委員会が被告となります（このときは
逆に，経営者側が補助参加人として手続に加わるのが通常です）。

　以上のような労働委員会を当事者とする訴訟とは別に，経営者の不
当労働行為に対して，労働組合側が労働委員会を経由せずに直接，裁
判所に救済を求めることもできます（司法救済）。この場合は，労働
委員会はもちろん関係ないので，手続は労働組合ないし労働者対経営
者となります。

　たとえば，組合員であるがゆえに解雇されたという場合，組合員や
その所属する労働組合は，この解雇が不利益取扱いである（労組法7
条1号）として，労働委員会に救済（行政救済）を求めることができ
ると同時に，解雇権の濫用であるため解雇が無効である（労契法16条）
として，労働契約上の権利を有することの確認などを求めて裁判所に
訴えを提起することもできるのです（今日では，いきなり訴訟を提起
するのではなく，労働審判の申立てをする場合が多いです）。

　団体交渉拒否についても，正当な理由なしに経営者が団体交渉に応
じない場合や，誠実に交渉しない場合には，労働組合は，不当労働行
為（労組法7条2号）として労働委員会に行政救済を求めることがで
きるほか，不法行為（民法709条）による損害賠償を求めて裁判所に
訴えを提起することもできます。団体交渉にまったく応じていない経
営者に対しては，労働組合は，裁判所に，団体交渉を求める法的地位
の確認を求めることもできます（国鉄事件・東京高判昭和62年1月27
日）[⇒66頁のコラム]。

　支配介入についても，該当する行為が法律行為であれば，それが無
効であること（民法90条等）の確認を求めて訴訟を提起できますし，
事実行為であれば，やはり不法行為による損害賠償を求めて訴えを提

起することができます。

　このように不当労働行為については，行政救済だけでなく，司法救済も認められますが，これについては，制度の重複があるので，どちらかに一本化すべきとの考え方もありえるところです（不当労働行為制度の母法であるアメリカでは，行政救済だけです）。経営者としても，2つの救済が同時に求められると，手続に応じる負担が重いと感じることもあるでしょう。しかし，日本では，国民には裁判を受ける権利が保障されており（憲法32条），司法救済の途を閉ざすことは困難です。一本化するとすれば，行政救済のほうを廃止することになります。

　ただ，行政救済は司法救済とは異なり，私法上の権利義務にとらわれない救済内容を選択することができる点で，労使関係の実態に適合した弾力的な救済を可能にするというメリットがあります。前述のように，最高裁は，行政救済制度は「労使関係について専門的知識経験を有する労働委員会に対し，その裁量により，個々の事案に応じた適切な是正措置を決定し，これを命ずる権限をゆだねる趣旨に出たものと解される」と述べています（前掲・第二鳩タクシー事件）。

　たとえば，解雇が不利益取扱いとされた場合，労働委員会は原職復帰命令を発するのが一般的ですが，裁判所では，解雇が無効とされても，労働契約上の権利の確認までしかできず，その権利には労働者の就労請求権は含まれないと解されているので，経営者は賃金さえ払い続けていれば，労働者を原職に復帰させないことも可能となるのです。この点で，労働契約上の権利義務に縛られない労働委員会のほうが，より実効的な救済が可能です。

　逆に経営者側からみると，労働契約上の義務がないようなことでも，労働委員会の救済命令という行政処分による場合には命じられることもあるのです。

第11講 労働協約の成立要件と効力

1. 労働協約とは

　労働協約とは，労働組合と経営者との間で結ばれた一種の契約です。経営者は，企業別組合が相手の場合には個々の企業や事業場単位で労働協約を締結することになりますし，産業別組合のように企業横断的に組織されている労働組合が相手となる場合には，加盟する上部の経営者団体との間で労働協約を締結することになります。以下の説明では，とくに断わらないかぎり，日本の労働組合の主流である企業別組合を前提にして，労働協約も企業別で個々の経営者が締結する場合を想定したものとします。

　労働条件は，本来，経営者と労働者との間の労働契約において決められるものです。しかし，個々の労働者と経営者とでは交渉力が違うため，個別に労働契約で労働条件を決定していくと，労働者にとって著しく不利な内容となる可能性があります。そこで多くの国では，法により，労働者が団結して集団的に労働条件の基準を決定することを認めてきました。こうして締結された契約が労働協約です。また，労働組合は，その活動をしていくうえで必要な労使関係上のルールについて経営者と合意することもあり，そうした合意内容も労働協約のなかに含まれます。

　このように，労働協約のなかには，組合員の労働条件の基準について定めた部分と労使関係上のルールについて定めた部分とがあります。

前者を規範的部分といい，その他の部分を債務的部分といいます。

　労働協約は，法的には，労働組合と経営者（または経営者団体）との間の契約なのですが，同時に，組合員と経営者との間で結ばれる労働契約の内容である労働条件（その他の労働者の待遇）に関する基準を設定するという意味もあり，この後者の面こそ，労働協約の特徴といえます。

　法的には，労働組合と経営者との間で結ばれる労働協約と，組合員と経営者との間で結ばれる労働契約とは，それぞれ別の法律関係を規律するものです。したがって，労働協約で定めがあったとしても，当然には別の法律関係である労働契約に影響を及ぼすものとはいえません。そのため，労働協約には，通常の契約とは異なる特別な効力が付与されました。それが規範的効力と呼ばれるものです（後述）。

　他方，規範的効力以外の，通常の契約としての効力のことを債務的効力といいます。規範的効力にしろ，債務的効力にしろ，ドイツ語の翻訳でわかりにくいのですが（日本の労組法はドイツ法の影響を受けているので，学問的な議論においてもドイツ語の用語がたくさん出てきます），要するに前者は，労働協約が規範として，労働契約を規律する効力，債務的効力は，協約当事者（労働組合と経営者）に対して生じる通常の契約としての効力なのです。

図表6◆労働協約の効力

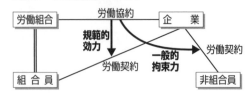

コラム 規範的部分の債務的効力

　たとえば，労働協約において，家族手当を組合員に一律1万円支給するという条項があったとしましょう。この条項は労働条件に関する基準なので，規範的部分であり，したがって規範的効力が発生します。この法的な意味のひとつは，もし経営者が家族手当を支給しなかったときには，組合員が直接，その経営者に対して1万円の家族手当の支払を請求できるということです。

　一方，労働協約の債務的効力は規範的部分にも発生します。その法的な意味は，経営者が家族手当を支給しなかったときに，労働組合が経営者に対し，組合員に家族手当を支払うという労働協約上の義務の履行請求や，義務の確認を求める訴えができるということです（債務不履行を理由に損害賠償請求できる場合もあります）。

　とはいえ，組合員が直接，家族手当を請求できる場合には，あえて労働組合から訴訟を提起する必要はありません。そのため実際には，労働組合の訴訟のほうは，訴えの利益が認められず却下されることになるでしょう。

　なお，労働協約の規範的効力は規範的部分に発生するものですが，債務的効力は労働協約全体に発生します。つまり，労働協約の債務的効力は，債務的部分だけでなく規範的部分にも発生するのです。

2◆労働協約の規範的効力

　労働協約の効力としては，規範的効力と一般的拘束力が労組法に明記されています。このうち規範的効力は，前述のように，組合員の労働条件の基準を設定する効力のことなのですが，その効力は2つの効力の集合体となっていることに注意する必要があります。

　たとえば，労働協約において，組合員の週の所定労働時間が38時間と定められていたとしましょう。ところが，ある組合員が個別に経営者との間で週の所定労働時間を39時間と合意したとします。その個別的合意（労働契約）は，労働協約の定める基準の38時間よりも，組合

員に不利なものです。こうした個別的合意が有効であれば，労働協約の意味がなくなります。というのは，労働組合は，個々の労働者が個人では交渉力が低く，不利な労働条件が設定されることを防ぐために結成されたものだからです。つまり，個別の労働契約により，その労働組合の締結した労働協約が定める基準を下回る労働条件の設定ができるとなると，労働協約の存在意味がなくなってしまうのです。しかし，労働協約と労働契約は，労働者側の締結主体が異なる別の契約なので，労働協約と労働契約が抵触したときに，当然には労働協約が優先することにはなりません。そこで法律において，労働協約が労働契約に優先することが定められることになりました。それが，労組法16条の規範的効力です。もともとドイツ法にあった規定ですが，日本法にも取り入れられました。同条は次のように定めています。

「労働協約に定める労働条件その他の労働者の待遇に関する基準に違反する労働契約の部分は，無効とする。この場合において無効となった部分は，基準の定めるところによる。労働契約に定がない部分についても，同様とする」。

この規定によると，規範的効力には，「労働協約に定める労働条件その他の労働者の待遇に関する基準に違反する労働契約の部分」を無効とする効力（これを強行的効力といいます）と，無効になった部分を労働協約の定める基準によらせる効力（これを直律的効力といいます）とがあることがわかります（直律的効力には，労働契約に定めのない部分について，労働協約の基準によるという効力もあります）。この二つの効力により，労働協約の定める労働条件その他の労働者の待遇に関する基準は，これを下回る労働条件を許容しない，まさに最低基準を設定していることになります。

先ほどの所定労働時間の例では，週38時間という労働協約の基準を

コラム 有利原則

　労基法や就業規則は，労働契約との関係で，最低基準を設定する効力をもっています（労基法13条，労契法12条）。つまり，労基法や就業規則を下回る労働契約は無効で，そのときには労基法や就業規則が適用されるのです。逆に，労基法や就業規則を上回る労働契約は有効です。これは当然のことでしょう。

　では，労働協約の場合はどうでしょうか。労働協約は労働契約の最低基準であり，労働協約を上回る労働契約は有効と認めるのか，それとも，労働協約よりも有利な労働契約であっても，そこにも規範的効力が及んで無効となってしまうのか，これが有利原則の問題です。

　労組法16条は，労働協約の「基準に違反する」労働契約を無効とすると定めているため，この「違反」の意味をどう解すかによって，結論が変わってきます。労働協約よりも有利な労働契約を締結することが，労働協約に違反することになるのでしょうか。有利原則を否定する立場は，これを「違反」とみるわけです。

　組合員に有利である以上，こうした労働契約を無効とする必要はないとするのが有利原則肯定論です。これに対して，労働組合が組合員を代表して経営者と労働協約を締結している以上，個々の組合員が労働協約とは異なる内容の労働契約を締結することは，それが組合員にとって有利な内容であっても，労働組合の統制秩序を乱すものとして許されないとするのが，有利原則否定論です。

　ドイツでは労働協約法（Tarifvertragsgesetz）という法律で，有利原則を明文で肯定しています。ドイツでは，労働協約は産業別協約が主流で，協約では最低基準を設定するにすぎず，企業レベルでの上乗せを想定しています。したがって，有利原則の肯定は自然なことなのですが，日本では企業別協約が一般的で，上乗せは予定せず現実の労働条件を定めている場合が多いのです。こうした違いから，ドイツ法で有利原則が肯定されているとしても，日本法でこれを肯定すべきという主張には直結しないことになります。

　現在の有力な見解は，労働協約を締結した当事者（経営者と労働組合）が上乗せを想定しているのであれば，有利原則を肯定してよく，そうでない場合には否定するというものです。ただ，当事者の意思や労働協約の趣旨が明確でない場合には，企業別協約については有利原則を認めないと解すのが妥当でしょう。

下回る週39時間という個別的合意（労働契約）は無効となり（労働協約の強行的効力），労働協約の定める38時間が適用されます（労働協約の直律的効力）。

3◆労働協約の一般的拘束力

　一般的拘束力とは，労働協約が組合員以外にも適用される効力を指します。労働協約の拡張適用とも呼ばれ，労組法上は工場事業場レベルの一般的拘束力（17条）と地域レベルの一般的拘束力（18条）が定められています。一般的拘束力が認められるのは，労働協約の規範的部分だけです。工場事業場レベルの一般的拘束力とは，ある工場事業場で同種の労働者の4分の3以上に適用されている労働協約（同種の労働者の4分の3以上を組織している労働組合が締結した労働協約）は，残りの同種の労働者にも強制的に適用されるということです。

　組合員ではないのに労働協約が適用されるのは，本来なら異例のことです。労働協約が労働者に有利な内容の場合には，組合費を払っていなくても，協約締結組合の組合員と同じ労働条件を享受できます。これはまさにフリーライドです。また，労働協約が労働者に不利な内容であるなら，自らの加入していない労働組合が決めたことに強制的に拘束されてしまいます。どちらにしても一般的拘束力には問題があるように思えます。

　では，なぜこの制度があるのでしょうか。協約締結組合の組合員以外の労働者のフリーライドは，一見，組合員には何のメリットもないように思えますが，実は，多数組合の交渉力を維持することにつながるとみることもできるのです。交渉力の弱い労働者が個別に経営者と労働条件の合意をしていくと，どうしても労働条件の相場が下がっていき，それは労働組合の交渉力を弱めてしまうのです。

コラム 地域レベルの一般的拘束力

　労組法18条で定める地域レベルの一般的拘束力は，工場事業場レベルの一般的拘束力とは異なり，客観的な要件の充足により自動的に適用されるわけではありません。条文上は，「一の地域において従業する同種の労働者の大部分が一の労働協約の適用を受けるに至ったときは，当該労働協約の当事者の双方又は一方の申立に基き，労働委員会の決議により，厚生労働大臣又は都道府県知事は，当該地域において従業する他の同種の労働者及びその使用者も当該労働協約……の適用を受けるべきことの決定をすることができる」と規定され，当事者が申し立て，労働委員会の決議と厚生労働大臣または都道府県知事の決定により適用されることになっています。ただし，当事者からの申立ての例は，近年ではないといわれています。

　また，不利益な内容の労働協約の一般的拘束力については，経営者が就業規則の変更によって一方的に労働条件を引き下げること（法的には，労契法10条により，合理性が必要となります）と比べると，4分の3以上の多数の労働者を組織する労働組合の同意を得たうえで労働条件を引き下げるほうが適正な内容となりやすいといえます。

　ところで判例は，一般的拘束力の趣旨について，「主として一の事業場の4分の3以上の同種労働者に適用される労働協約上の労働条件によって当該事業場の労働条件を統一し，労働組合の団結権の維持強化と当該事業場における公正妥当な労働条件の実現を図ることにある」と述べています（朝日火災海上保険（高田）事件・最3小判平成8年3月26日）。つまり，労働条件の統一，団結権の維持強化，公正妥当な労働条件の実現が一般的拘束力の主たる趣旨ということです。

　なお，一般的拘束力が少数組合の組合員にも及ぶかについては議論があります。条文上はとくに否定されていませんが，裁判例も通説もこれを否定する傾向にあります。少数組合は独自に団結権や団体交渉

第**11**講◆労働協約の成立要件と効力

権を行使できるべきであり，他組合の締結した労働協約の適用を受けることは，それが有利か不利かに関係なく，認めるべきではないからです。これも複数組合主義の一つの帰結といえるでしょう[⇒第7講4]。

4◆労働協約の要式性

　労組法は，労働協約は，書面に作成し，両当事者が署名し，または記名押印することによってその効力を生ずる，と定めています(14条)。これを労働協約の要式性といいます。

　そこで問題となるのが，要式性を欠く場合（たとえば，口頭の合意はあるが，書面化されていないような場合）に，労働協約にはいかなる効力も発生しないのかです。すでにみたように，労働協約には，規範的効力，債務的効力，一般的拘束力があります。これらの効力のうち，どれが要式性と関係しているかです。

　判例は，要式性を欠く労使の合意に少なくとも規範的効力は発生しないと述べています（都南自動車教習所事件・最3小判平成13年3月13日）。また，一般的拘束力は，判例によると規範的効力の拡張とされているので，要式性を欠く労働協約には一般的拘束力も発生しないことになります。規範的効力は組合員に，一般的拘束力は非組合員に適用されるものであり，いずれにせよこれらの労働者は労働協約を締結した当事者（経営者と労働組合）ではないので，労働協約は書面化されることによって，その存在と内容が明確になっている必要があるのです。

　一方，契約としての効力である債務的効力は，協約締結当事者において発生するものなので，当事者間に合意（たとえば，組合事務所の賃与に関する合意）がある以上，たとえ要式性を欠いていても，認められるべきでしょう。

第**12**講 労働協約による 労働条件の不利益変更

1.協約自治の限界

　労働協約の規範的効力は，労働協約が労働契約に対して優越するということを法的に認めたものです[⇒第11講]。しかし，労働協約はどのような内容のものであっても，労働契約に優越するのでしょうか。

　労働組合が経営者との間で労働協約を締結して，組合員の労働条件を決めたり，労使関係上のルールを決めていくことを，「協約自治」といいます（ドイツ語のTarifautonomieを訳したもの）。協約自治という言葉は，とくに組合員の労働条件について，裁判所により，その内容が合理的かどうかなどのチェックを受けずに，労使で決定できることを強調するときに用いられるものです。

　組合員は個々人では交渉力が弱いものの，労働組合を通して，対等な立場で経営者と交渉して労働協約を締結したのであるから，その内容について，さらに裁判所がチェックする必要はないというのが，協約自治の基本にある考え方です。本来，契約というのは，当事者間の自由な合意にゆだねられるべきもので，このことは労働協約にもあてはまります（ただ，個別の労働契約は，契約当事者間に対等な関係がなく，自治を尊重するわけにはいかないので，労基法などの保護法規があるのです）。

　とはいえ，労働組合の決定権限も無制限なものではないでしょう。組合員の労働条件のなかには，あくまで組合員個人の決定に留保さ

れ，労働組合が決定すべきでないものもあると考えられています。これを「協約自治の限界」といいます。

　協約自治の及ばない労働条件については，労働協約において定められたとしても，規範的効力が生じません。つまり，組合員の同意がなければ，労働協約は適用されないのです。たとえば，ある裁判例は，定年制の導入により組合員の雇用終了をもたらすような内容の労働協約は，労働組合の目的の範囲を逸脱しており，個々の組合員の同意か授権がないかぎり，効力をもたないと述べました（北港タクシー事件・大阪地判昭和55年12月19日）。

　また最高裁は，組合員個人に具体的に発生した賃金請求権などの既得権を処分したり，変更したりするような場合にも，規範的効力は生

コラム 労働協約の規定に基づく時間外労働命令

　学説には，出向や時間外労働などは，従業員の個別的同意がなければならないとする立場から，労働協約でこれらを命じる条項を設けても，規範的効力は発生しないとする見解があります。

　これに対し，最高裁は，就業規則の合理的な規定に基づく時間外労働義務を肯定しており（日立製作所武蔵工場事件・最1小判平成3年11月28日），さらに同じ判決で味村治裁判官は補足意見において，次のように，労働協約上の時間外労働義務についても肯定する見解を示しています。

　「労働基準法32条の定める労働時間の最長限を超えて労働時間を延長することは，労働者にとって不利であるが，労働協約は……団体交渉の結果締結されるものであって，団体交渉の結果によっては，労働者にとって有利な定めと不利な定めとが相まって全体としての労働条件その他の労働者の待遇に関する基準とされるなど，労働者にとって不利な定めが労働協約に含まれる場合もあり得るから，……労働時間を延長することを内容とする労働協約の定めは，労働者にとって不利であるとの理由のみで規範的効力を否定されることはない」。

じないとしています（朝日火災海上保険（高田）事件・最3小判平成8年3月26日，香港上海銀行事件・最1小判平成元年9月7日。就業規則の変更による場合も同様に，既得権を奪うことはできません）。

2◆労働協約による労働条件の不利益変更

以上に述べた問題と関連して，規範的効力は，労働協約によって労働条件を引き下げる場合にも生じるのか，という問題もあります。そもそも労働組合は，労組法において，「労働条件の維持改善その他経済的地位の向上を図ることを主たる目的」とする団体と定義されています（2条）。したがって，労働組合が組合員の労働条件を引き下げる労働協約を締結することは，その目的に反することになりそうです。かつては，労働協約により労働条件を不利益に変更する場合は規範的効力は生じず，組合員個人の同意が必要であると述べる裁判例もありました（前掲・北港タクシー事件も参照）。

しかし，団体交渉では，経営者と労働組合との間でギブアンドテイクの取引が行われるものです。たとえば，経営状況が悪化したときに，労働組合は組合員の雇用を守ることを経営者に求め，経営者はその引換えに労働組合に賃金の引下げを求めることもあり，これはトータルでみれば組合員にとって不利とは言い切れません。こうした取引ができなければ，経営者もなかなか交渉を妥結できないことがあるでしょう。このように考えると，賃金などの労働条件を引き下げる労働協約であるからといって，規範的効力が発生しないとすることは妥当でないのです。

そこで，最高裁も，一般的拘束力（未組織労働者への拡張適用）について判断した判決において，「労働協約の締結に当たっては，その時々の社会的経済的条件を考慮して，総合的に労働条件を定めていく

のが通常であるから，その一部をとらえて有利，不利ということは適当でない」と述べています（前掲・朝日火災海上保険（高田）事件）。

　さらに，その後，本来の規範的効力（組合員への適用）が問題となった事案で，定年を63歳から57歳に引き下げ，さらに退職金の支給基準も引き下げるという内容の労働協約について，最高裁は，「本件労働協約は，Ａ［筆者注：原告である組合員］の定年及び退職金算定方法を不利益に変更するものであり……これによりＡが受ける不利益は決して小さなものではないが，同協約が締結されるに至った……経緯，当時の会社の経営状態，同協約に定められた基準の全体としての合理性に照らせば，同協約が特定のまたは一部の組合員をことさら不利益に取り扱うことを目的として締結されたなど労働組合の目的を逸脱して締結された場合」を除き，規範的効力が発生すると述べています（朝日火災海上保険（石堂）事件・最1小判平成9年3月27日）。

　その後の裁判例は，この判例を整理して，労働条件を不利益に変更する労働協約の規範的効力は，①協約締結の経緯，②企業側の経営状態，③協約に定めた基準の全体としての合理性等を考慮して判断されると述べています（中央建設国民健康保険組合事件・東京高判平成20年4月23日）。

　さらに「特定のまたは一部の組合員をことさら不利益に取り扱うことを目的として締結された」かどうかの判断は，一部の組合員（たとえば高い年齢層の組合員）に労働条件の不利益変更が集中するような場合，労働協約締結過程において，どこまで当該組合員の意見を聴取するなどの組合内手続がとられていたかという点を審査すべきとする見解もあります（中根製作所事件・東京高判平成12年7月26日を参照）。

　経営者は，労働組合内部で手続がどう進められたかなどは知る由もありません。むしろ組合内部のことを詮索したりすると，不当労働行

コラム 裁判所による協約の内容審査

　前述の協約自治を重視すると，裁判所が，労使で合意された労働協約について，踏み込んだ内容審査をするのは望ましくないことになるでしょう。そもそも労使が対等な立場で合意した内容については，個別の労働契約とは違い，強行規定や公序良俗に反する場合を除き，その相当性や合理性をチェックする法的根拠がないともいえます。その一方で，日本の労働組合は，経営者と対等な立場で，団体交渉をしていないので，組合員の利益を守るために，内容審査は必要であるとする見解もあります。判例は，「特定のまたは一部の組合員をことさら不利益に取り扱うことを目的として締結された」かどうかを中心に審査すると述べていますが，これは控えめな内容審査にとどめるとする立場を示したとみることができるでしょう。

為となる可能性もあります。とはいえ，経営者は，組合員の一部に対して不利益となるような労働協約を締結した場合には，その組合員が経営者を相手にした訴訟の結果，労働協約は自分に適用されないとの主張が認められる可能性があることを覚悟しておく必要があるのです。

3◆一般的拘束力による労働条件の不利益変更

　労働条件を不利益に変更する労働協約が，組合員に規範的効力がある場合であっても，一般的拘束力により（労組法17条），非組合員にも適用されるかについては，別途に考えておく必要があります。ただ，判例は，一般的拘束力は規範的効力の拡張とみているので，その考え方を一貫させると，規範的効力により労働条件の不利益変更が認められるときには，一般的拘束力も認められることになるでしょう。

　実際，最高裁は，労組法17条の適用にあたっては，「労働協約上の基準が一部の点において未組織の同種労働者の労働条件よりも不利益

とみられる場合であっても，そのことだけで右の不利益部分について
はその効力を未組織の同種労働者に対して及ぼし得ないものと解する
のは相当でない」と述べています。その理由は，前にもふれたように，
「同条は，その文言上，同条に基づき労働協約の規範的効力が同種労
働者にも及ぶ範囲について何らの限定もしていない上，労働協約の締
結に当たっては，その時々の社会的経済的条件を考慮して，総合的に
労働条件を定めていくのが通常であるから，その一部をとらえて有
利，不利ということは適当でないから」であり，さらに，同条は，「主
として一の事業場の４分の３以上の同種労働者に適用される労働協約
上の労働条件によって当該事業場の労働条件を統一し，労働組合の団
結権の維持強化と当該事業場における公正妥当な労働条件の実現を図
ることにあると解されるから，その趣旨からしても，未組織の同種労
働者の労働条件が一部有利なものであることの故に，労働協約の規範
的効力がこれに及ばないとするのは相当でない」からです。

　その一方で，最高裁は，一般的拘束力による労働条件の不利益変更
をそのまま認めることに躊躇も示します。それは，「未組織労働者は，
労働組合の意思決定に関与する立場になく，また逆に，労働組合は，
未組織労働者の労働条件を改善し，その他の利益を擁護するために活
動する立場にない」からです。

　こうしたことから，最終的には，「労働協約によって特定の未組織
労働者にもたらされる不利益の程度・内容，労働協約が締結されるに
至った経緯，当該労働者が労働組合の組合員資格を認められているか
どうか等に照らし，当該労働協約を特定の未組織労働者に適用するこ
とが著しく不合理であると認められる特段の事情があるときは，労働
協約の規範的効力を当該労働者に及ぼすことはできないと解するのが
相当である」と結論づけます（前掲・朝日火災海上保険（高田）事件）。

なお，少数組合の組合員への拡張適用は，とりわけ労働条件の不利益変更については，通説，裁判例ともに，少数組合の団結権や団体交渉権を尊重するという観点から，これを認めていません（裁判例として，大輝交通事件・東京地判平成7年10月4日）[⇒第11講3]。

4◆労働条件の集合的な不利益変更

経営者が労働条件を集合的に不利益変更しようとする場合，労働組合がなければ，就業規則の変更によって行うことになります。一方，労働組合がある場合は，その労働組合が過半数組合であれば，経営者は就業規則の変更について，その労働組合からの意見聴取を行わなければなりません（労基法90条）。この手続では，文字どおり，意見を聴取しさえすればよく，過半数組合の同意を得る必要はありません。ただ実際には，多くのケースで，経営者は過半数組合との合意を得て労働協約を締結し，その内容に合わせて就業規則を変更しています。

このようなプロセスがとられたときは，組合員には労働協約の規範的効力により，その合意内容が組合員の労働条件となりますし，非組合員については，就業規則の内容規律効（周知と合理性の要件を充たす就業規則は，労働契約の内容を規律するという効力。労契法7条および10条）により，やはりその合意内容が労働契約の内容となります。ただし，組合員との関係での労働協約の規範的効力は，前述の判例により「特定のまたは一部の組合員をことさら不利益に取り扱うことを目的として締結された」場合には否定されることになります。また，就業規則については，その内容について合理性を欠けば内容規律効は否定されます。ただ，労契法10条は，「労働組合等との交渉の状況」を合理性の判断要素としているので，過半数組合との合意があれば，合理性は肯定されやすくなるでしょう[⇒68頁のコラム]。

さらに労働組合が同種の労働者の4分の3以上を組織している場合には，経営者は，その労働組合との合意を得て労働協約の変更ができれば，一般的拘束力により，他の同種の労働者にも適用できます。ただし，ここでも前述の判例により，「労働協約を特定の未組織労働者に適用することが著しく不合理であると認められる特段の事情があるとき」は，一般的拘束力は及ばないことになります。

コラム 労働条件の不利益変更における経営者の留意事項

　同じように労働条件を不利益変更するとしても，労働協約によって組合員の労働条件を不利益に変更する場合は，それがその組合員の所属する労働組合によって締結されたものである以上，ある程度広く認められることになるでしょう。これに対して，就業規則の変更による労働条件の不利益変更については，経営者が一方的に行いうるものなので（労基法90条は，前述のように，過半数代表の意見聴取しか義務づけていません），その拘束力の要件となる合理性は，ある程度，厳格なものとなるのは仕方がないでしょう。

　さらに非組合員に対する労働協約の一般的拘束力は，その労働者と関係のない労働組合が締結した労働協約によって労働条件が不利益に変更されるということなので，法的な根拠（労組法17条）があるとはいえ，そう簡単には認められるべきではありません。ただ，就業規則の変更と比較すると，労働協約の一般的拘束力については，同種の労働者の4分の3以上を組織している労働組合が同意をしていることが要件となっていて，こうした状況は，労働条件の適正さを担保するものといえるので[⇒第11講3]，就業規則による場合よりも，不利益変更は認められやすくなるでしょう。

　要するに経営者にとっては，労働条件の不利益変更は，だれの同意がなくても可能となるという点では，就業規則の変更という手続が最もやりやすい面があるものの，最終的に従業員に拘束力をもつ変更をするという観点からは，就業規則の不利益変更のほうがハードルが格段に高いのです。労働組合の同意を得ておくことは，変更就業規則の合理性を認められやすくするためにも必要となるのです。

第13講
労働協約の解約

1. 労働協約の終了

　労働協約に期間を設ける場合には，3年が上限です（労組法15条1項）。3年を超えた有効期間を定めても，3年の有効期間の定めをしたものとみなされます（同条2項）。また，期間が設けられていない労働協約は，当事者の一方が署名し，または記名押印した文書によって相手方に予告し解約できます（同条3項1文）。この予告は，解約しようとする日の少なくとも90日前にしなければなりません（同条4項）。予告期間が90日に満たない場合には，解約が無効となるのではなく，予告から90日後に解約の効力が発生することになると解されています。

　解約については，要式性と予告期間以外の規制はなく，したがって正当な理由がなければ解約できないというような制限はありません。ただ，権利濫用を禁止する一般法理（民法1条3項）は適用されることから，たとえば労働組合を弱体化する目的で解約したと判断されれば，解約が無効と判断されたり，あるいは支配介入の不当労働行為（労組法7条3号）と判断されたりする可能性があります。

　労働協約が期間満了や解約により失効した場合，労働協約の規範的効力は消滅することになります。ドイツの法律（労働協約法）では，労働協約の失効後も，新たな労働協約が締結されるまでは，規範的効力（直律的効力）が残ると定められています。これを労働協約の「余

後効」（Nachwirkung）といいます。しかし，日本では，余後効を定める明文の法規定がない以上，こうした効力を認めることはできないと解されています。

　なお，期間の定めのある労働協約が期間満了となったが，それまでに新たな労働協約が締結されない（労働協約の改訂の合意がなされない）場合には，自動的に更新されるという条項が結ばれることもあります。こうした自動更新条項は，もちろん有効です。自動更新により，新たな期間の定めのある労働協約が成立することになります。

　自動更新条項と似ていますが，区別すべきなのが自動延長条項です。労働協約の期間が満了となった場合に，新たな労働協約が締結される（労働協約の改訂の合意がなされる）まで，これまでの労働協約が存続すると定める条項です。この場合には，労働協約が無期限に継続するのではなく，当事者は期間の定めのない労働協約と同様，90日の予

コラム 労働協約の期間をめぐる規制の変遷

　昭和20（1945）年に制定された旧労組法では，労働協約は3年を超える有効期間を定めることはできない旨の規定がありましたが（旧20条），当時の労働協約は，労働組合側が優位に立つ状況下で締結されており，自動延長規定が設けられて，3年を超えても効力が持続するという事態が起きていました。そこで昭和24（1949）年の現行労組法の制定時に，労働協約は3年を超えて存続できないと定められました。こうして，自動延長規定に基づき効力を存続していた労働協約は失効し，無協約状態が生じ（このため，余後効などが学説の議論の対象となりました），期間の定めのない労働協約も認められないことになりました。こうした不都合を解消するため，昭和27（1952）年の労組法改正により，労働協約の期間に対する法規制は，現在の15条の規定のようになり，その結果，自動延長規定により存続する労働協約と期間の定めのない労働協約は，いずれも3年を超えて存続できるものの，当事者の一方からの解約で失効させることができることとなったのです。

告により解約することができます（労組法15条３項２文）。

2◆労働協約失効後の法律関係

労働協約に余後効が認められないとなると，労働協約の失効後，これまで労働協約によって規律されてきた組合員の労働条件はどうなるのか，という問題が出てきます。

ある考え方によると，労働協約の定める労働条件は，その規範的効力により，労働契約に編入（化体）されて，その内容になるので，労働協約の失効後も，労働契約の内容として効力を維持することになります。これは労働協約の余後効ではなく，労働協約の失効後は，労働契約の効力として，従来の労働条件が適用されるという見解です。これを化体説ないし内容説といいます。

一方，労働協約の規範的効力は，労働契約をあくまで外部から規律するものであり，労働協約が失効すると，その効力は及ばなくなるという外部規律説もあります。判例の立場は明確ではありませんが，通説は外部規律説です。

外部規律説によると，労働協約が失効した後は，労働契約の内容を定める規範がなくなってしまいます。しかし，組合員は実際に働いている以上，労働契約の内容を空白にすることはできません（空白のままなら，組合員の賃金や労働時間は決まらないことになります）。このような場合でも，就業規則が作成されていれば，その就業規則の定める労働条件が適用されるので，問題はないでしょう。

しかし，就業規則の作成義務のない零細事業場や，何らかの理由で就業規則が存在していない事業場においては，どうなるでしょうか。この場合，通常の解釈は，労働契約関係というのは，継続的な契約関係なので，労働契約の合理的な意思解釈として，これまで適用されて

コラム 労働協約と就業規則の優劣関係

　労働協約と就業規則が抵触する場合に，どちらが優先するかについては，法律で定めがあります。まず労基法92条1項は，「就業規則は，法令又は当該事業場について適用される労働協約に反してはならない」と定めています。この規定をめぐっては，いくつかの解釈問題があります。

　第一に，条文上「反してはならない」となっていますが，労働協約よりも有利な就業規則も「反する」ことになり労働協約が優先するのか，という点です。法令よりも有利な就業規則が有効であることは当然なので，労働協約についても同様に解すべきと考えるのが普通でしょう（ただし，有利原則を否定する立場からは，労働協約より有利な就業規則の効力も否定されることになります）。

　第二に，就業規則が労働協約に反してはならないとされるのは，あくまで労働協約の適用を受ける労働者との関係だけと解すべきでしょう。労働協約の適用を受けない労働者との関係では，（労組法17条の一般的拘束力により労働協約が拡張適用される場合を除き）就業規則が適用され続けることになります。

　第三に，「反してはならない」というのは，労働協約に反する就業規則を無効にするものなのか，という点です。労働協約に反する就業規則が無効となると，労働協約が失効した後も，就業規則が適用されないことになりそうです。ただ，就業規則は，労働協約に反していても，労働協約が適用されない労働者との関係では有効であることを考慮すると，労働協約に抵触する就業規則は，労働協約が有効な間だけ，かつ，その労働協約が適用される労働者との間でだけ効力を停止するという考え方もありえそうです。

　この第三の点に疑義があったことから，労契法では，13条に「就業規則が法令又は労働協約に反する場合には，当該反する部分については，第7条，第10条及び前条の規定は，当該法令又は労働協約の適用を受ける労働者との間の労働契約については，適用しない」とする規定が設けられました。

　これは労働協約に反する就業規則が，その反している間は，就業規則の効力（労契法7条，10条，12条を参照）が労働協約の適用を受ける労働者との関係で適用されないと定めたもので，労働協約が失効して，就業規則が労働協約に反する状況が解消されれば，就業規則の効力が復活する趣旨と解されます。

きた（労働協約の定める）労働条件が引き続き適用されることになるとする見解が一般的です。

3.労働協約の一部解約

前述のように，労組法は，労働協約の解約に関して，期間の定めのない協約（および自動延長段階の協約）における解約の自由と予告期間を定めています（15条3項，4項）が，これは一部解約も含むのでしょうか。労働協約の全部解約が許されるのなら，一部解約も同様に許されると考えられなくもありません。

しかし，契約というのは，全部解約と一部解約とでは，まったく意味が違います。一部解約を認めてしまうと，当事者は自分に都合の悪いところ（たとえば義務を定める部分）だけを解約しようとするでしょう。契約は，当事者の合意によって，相互に権利や義務を定めたものであることからすると，自分の義務を定めた部分だけを解約することを認めるのは妥当ではありません。

このようなことから，労働協約にかぎらず，契約一般において一部解約というのは，認められないのが原則です。裁判例も，労働協約の一部解約について，次のように述べています（ソニー事件・東京高決平成6年10月24日）。

「多くの場合には，一々の労働協約は，その内部において相互に関連を有する一体的な合意であるから，一方の当事者が自己に不利と考えるその一部を取りだして解約しようとすれば，残された他の部分により他方の当事者が当初予想しなかった危険，損害を被ることもないではなく，解約は当該一つの労働協約全部に及ぶのを原則とすべきものと解することができる」。

ただし，これにも例外があります。

「協約自体のなかに客観的に他と分別することのできる部分があり，かつ分別して扱われることもあり得ることを当事者としても予想し得たと考えるのが合理的であると認められる場合には，協約の一部分を取りだして解約することができると解するのが相当である」。

　つまり，形式的には労働協約の一部にすぎなくても，実質的には一つの労働協約として独立しているとみることができる部分の解約であれば，それは全部解約と同じように扱ってよいということです。

4◆労働組合併存状況における労働条件の統一化

　企業内に，経営者と良好な関係を築いている多数組合と，敵対的な関係にある少数組合とがあったとします。これまでどちらの労働組合とも，賞与は年間4ヵ月とする労働協約を締結していて，就業規則も同一内容でしたが，経営状況が悪化し，賞与の引下げの必要が出てきたために，経営者が賞与を年間3ヵ月に引き下げる決定をし，両組合に要求案を出したところ，多数組合はこれを受け入れたが，少数組合はこれを受け入れずに交渉が妥結しなかったとします。

　このようなケースで，少数組合との間では交渉が妥結しなかったので引下げを断念し，多数組合の組合員だけ引き下げるということになれば，筋が通らないことになります。では，経営者としては，どうすればよいのでしょうか。

　経営者には団体交渉における誠実交渉義務がありますので[⇒第7講]，少数組合が団体交渉を求めているかぎり，真摯に合意形成に向けた交渉をしなければなりません。それでは，誠実交渉義務を尽くしていれば，どうなるでしょうか。そのときには，交渉を打ち切ってもよいのですが，それでは事態は改善しません。少数組合との間の従前の労働協約が効力をもち続けているかぎり，引下げはできません。ただ，労

働協約が期間の定めのないものであれば，90日前の予告をして労働協約を解約することができます（労組法15条3項，4項）。期間の定めがある場合でも，期間が満了すれば，やはり労働協約が失効します。

　かりに少数組合との労働協約が失効したとして，それ以降はどうなるでしょうか。前述のように労働協約の余後効はないと解されるので，労働協約で定めていた年間4ヵ月の賞与の規定部分も失効します。ただ，そのときには，従前の就業規則が適用されることになりそうです。あるいは従前の労働協約で定めていた労働条件が，労働契約の合理的意思解釈として適用されることになりそうです。

　経営者としては，これではやはり賞与引下げができないので，就業規則の変更をするわけです。つまり労働組合併存状況においては，経営者は賞与の引下げについて多数組合の同意を得て労働協約を改訂した後に少数組合と誠実に団体交渉をし，そのうえで少数組合の労働協約を解約するなどし，多数組合と合意した労働協約の内容にあわせて就業規則を変更するという手順を踏むべきなのです。

　ただ，これで話が終わるわけではありません。変更された就業規則が，ほんとうに少数組合の組合員に適用されることになるかは，その合理性にかかっています。そして，合理性の判断として，「労働組合等との交渉の状況」があるので（労契法10条），多数組合ときちんと交渉したうえで合意した内容であるかどうか，さらに変更に反対している少数組合との間でも交渉を尽くしたかどうかが審査され，そのいずれもが肯定されれば，合理性が認められる可能性が高まります。

　とはいえ，合理性の判断は，「労働組合等との交渉の状況」以外にも，「労働者の受ける不利益の程度」「労働条件の変更の必要性」「変更後の就業規則の内容の相当性」「その他の就業規則の変更に係る事情」に照らして総合的に判断されるものなので，たとえば「労働条件の変

更の必要性」が不十分で，「労働者の受ける不利益の程度」が大きい場合には，多数組合と十分に交渉して合意があったとしても，合理性が否定されることはあります（みちのく銀行事件・最1小判平成12年9月7日）。

　このように労働条件の統一的変更は容易なことではありません。それでも経営者としては，少数組合が反対をしていても，多数組合の同意を得たうえで，少数組合との労働協約の解約と就業規則の変更という手順を踏んで，労働条件の統一的な不利益変更を行う手段があるということは，知っておいて損はないでしょう。その際には，不当労働行為と判断されないように，また最終的に合理性が認められやすくするためにも，たとえ合意には至らないとしても，少数組合ときちんとした交渉をしておくことが必要となるのです[⇒68頁のコラム]。

コラム コミュニケーションの重要性

　多数組合と少数組合がともに変更に反対していても，双方の労働協約を解約したり，期間満了を待ったりすることにより，その後の就業規則の変更をとおして労働条件を不利益変更することは，理論的には可能です。ただ実際上は，多数組合の反対を押し切って行う変更については，就業規則変更の合理性が認められる可能性は低いと思われます。また，円滑な労使関係を築くことの経営上の重要性を考慮すれば，こうした強引なやり方は望ましくないでしょう。少なくとも経営者は，協調的な多数組合との間では，日頃から労使協議などで情報交換をしてコミュニケーションを深め，多数組合の反対するような労働条件変更に至ることのないように努めることが必要です。

　その一方で，かりに敵対的であっても，少数組合とのコミュニケーションもおろそかにできません。少数組合の不満は，争議行為を引き起こしたりする可能性があるので，それを放置しておくことは得策ではありませんし，敵対的であるからこそ，実は傾聴に値する意見を出してくれている可能性もあるのです[⇒第20講]。

第14講 組合併存状況下の法律問題

1. 多数組合を優先してよいのか

　これまでも何度かみてきたように，日本においては，企業内に労働組合が複数存在することがあります。その多くは，経営者に協調的な多数組合と，敵対的な少数組合というパターンです[⇒第13講4]。あるいは，企業内に一つの労働組合（企業別組合）しかないときに，一人ないし複数の従業員が地域合同労組（コミュニティ・ユニオン）のような企業外の組合に加入している場合（あるいは企業内に分会を結成するような場合）も，同様の複数組合状況が生じます。

　こうしたとき，経営者としては，どうしても協調的な労働組合だけと友好的となりがちです。もちろん，企業に敵対する労働組合の態度が気に入らないと経営者が内心で思うことは，どうしようもありません。これは，ある意味では，経営者の思想の自由であるともいえます（憲法19条）。

　しかし，そうだからといって，気に入らない少数組合を公然と非難するような発言をしたならば，支配介入の不当労働行為となる可能性があります（労組法7条3号）。気に入らない少数組合との間でも，きちんと交渉をしなければ，誠実交渉義務違反になります（同条2号）。さらに，少数組合に対して便宜供与をしないというような露骨な組合間差別をしても，不当労働行為となります（同号。これらについては，⇒第4講2）。

要するに経営者は，多数，少数ということに関係なく，反組合的な行為をとることは許されないということです。ただ，法律が多数組合を優遇している場合もあります。たとえば労基法では，事業場において過半数を代表する労働組合だけが，時間外労働や休日労働に関する三六協定を締結したり（36条1項），就業規則の作成・変更についての意見聴取を受けたり（90条1項）することができます。事業場の過半数を代表しない少数組合には，こうした権限はありません（過半数組合が存在しないときは，少数組合ではなく，過半数を代表する労働者がこうした権限をもちます）。

　チェック・オフも，賃金全額払いの原則に反するとして，過半数代表との労使協定が必要となるので（労基法24条1項ただし書），過半数代表になれない少数組合は単独ではチェック・オフを有効に実施することができません[⇒第4講3]。こうした労使協定の締結は，休憩時間の一斉付与の原則の例外（34条2項ただし書），割増賃金に代替する休暇の付与（37条3項），専門業務型の裁量労働制の導入（38条の3第1項），時間単位年休の導入（39条4項），計画年休制度の導入（39条6項）などに関しても定められています。

　さらに，前講でも述べたように[⇒第13講4]，就業規則の変更により労働条件の統一的な不利益変更がなされるときの就業規則の合理性判断（労契法10条）では，事実上，多数組合の態度が重視されることになります。

　このように，経営者が望むかどうかに関係なく，法律に基づき多数組合（正確には，過半数組合）が，少数組合より大きな権限をもつことがあるのです。

コラム 労働組合への二重加入

　自社の従業員のなかの多くは企業内組合に加入するが，少数の者が企業外の組合（コミュニティ・ユニオンなど）に加入するような場合に，ときには，同じ従業員が同時に両方の組合に加入していることもあります。これを二重加入と呼びます。法律のどこにも，労働者が二重加入をしてはならないというような規定はありません。もっとも，労働組合の規約のほうで，二重加入を認めていないことはあります。一般には，同じ企業内に併存する労働組合への二重加入は，除名事由となるでしょう。これに対して，組織レベルが競合しない企業内の組合と企業外の組合への二重加入については，これを認めてよいという学説もあります。

　一方，経営者からみたとき，二重加入は望ましくない結果をもたらすことがあります。たとえば，賞与の引下げについて企業内組合Aとの間で団体交渉をし，妥結して労働協約を締結した場合，その労働協約は規範的効力をもち，組合員に適用されることになりますが，このときに，企業内組合の組合員bが賞与の引下げに不満をもって，企業外の組合Cにも加入し，C組合から団体交渉が申し込まれたというケースを考えてみましょう。C組合との間の交渉いかんでは，A組合との労働協約の定めに抵触することになりかねません。しかし，bはA組合の組合員でもあるので，A組合の労働協約にも従わなければならないのです。

　こうしたとき経営者は，一人の組合員について，実質的に二重交渉を強いられていることになります。しかも，もしC組合との間の交渉を通じて，bについては賞与の引下げをしないとの合意に達したとすると，bはA組合との労働協約も適用されるはずなので，同じ従業員に矛盾した取扱いをしなければならなくなります。こうしたおそれがある以上，経営者がC組合との団体交渉を拒否しても，それは「正当な理由」によるもので，不当労働行為に該当しないと解すべきでしょう。bは二重加入状態を解消して，どちらの労働組合に加入するか決定し，あくまでC組合との交渉によるというのであれば，A組合を脱退するべきでしょう。

　いずれにせよ，経営者は，同一の従業員について重複した交渉となったり，矛盾した交渉結果となったりすることを避けるよう労働組合側に求めることはできるのです。

2◆複数組合主義と中立保持義務

　法律で多数組合が優遇されることがあるとしても，憲法レベルで考えると，話はずいぶんと変わってきます。憲法は，勤労者の団結権や団体交渉権を保障していますが，勤労者（組合員）の人数の大小によって，保障内容に差をつけていません。つまり憲法上は，少数組合も，多数組合と同様に尊重されるのです（複数組合主義）[⇒第7講4]。

　多数組合との間でユニオン・ショップ協定が締結されていても，多数組合を脱退して他の少数組合に加入している労働者には，解雇は認められないという判例の立場（三井倉庫港運事件・最1小判平成元年12月14日）や一般的拘束力が少数組合の組合員に及ばないという学説・裁判例の立場にも，複数組合主義の考え方が表れています[⇒第3講4,第11講3]。

　さらに判例は，経営者が複数の組合にどのような態度でのぞむべきかについて，次のように述べています（日産自動車（残業差別）事件・最3小判昭和60年4月23日）。

　「複数組合併存下にあっては，各組合はそれぞれ独自の存在意義を認められ，固有の団体交渉権及び労働協約締結権を保障されているものであるから，その当然の帰結として，使用者は，いずれの組合との関係においても誠実に団体交渉を行うべきことが義務づけられているといわなければならず，また，たんに団体交渉の場面に限らず，すべての場面で，使用者は各組合に対し，中立的な態度を保持し，その団結権を平等に承認，尊重すべきものであり，各組合の性格，傾向や従来の運動路線によって差別的な取扱いをすることは許されない」。

　ここに述べられているのが，経営者の「中立保持義務」です。

3◆中立保持義務の具体的内容

　このように，経営者には，どの労働組合に対しても中立的な態度を保持する義務があるのですが，その内容を突き詰めていくと，いろいろむずかしいところもあります。たとえば，経営者が多数組合と少数組合に対して，一時金の支給をめぐり，同じ条件をつけて団体交渉をし，多数組合はその条件に応じたことから，その組合員には一時金が支給され，少数組合は応じなかったために，その組合員には一時金が支給されなかったという場合，組合間差別として，支配介入の不当労働行為（労組法7条3号）の成立が認められるのでしょうか。

　団体交渉が妥結せずに労働協約が成立しなかったのは，少数組合の自由な選択によるもので，言い換えれば，一時金の不支給は少数組合が自ら招いたものといえるので，多数組合との間で差がついても，これを経営者の不当労働行為だとみることは適切でないでしょう。すでにみたように，経営者には譲歩の義務はないので，交渉が平行線をたどって妥結をしなかったとしても，経営者に非があることにはなりません[⇒第7講3]。

　ただ，経営者が提示した条件が，「生産性の向上に協力すること」のように，協調的な多数組合なら受け入れやすく，敵対的な少数組合は受け入れにくいようなものであれば，違った考察が必要となる可能性もあります。

　最高裁は，こうした差違え条件について，その条件が合理性のあるものかどうかを考慮したうえで，少数組合が応じないことを経営者がはじめから見越して，あえてその条件に固執して交渉を決裂させたと評価できる場合には，経営者に少数組合を弱体化させる意図があるとして，支配介入の成立を認めています（日本メールオーダー事件・最

3小判昭和59年5月29日）。

　一方で最高裁は，経営者が多数組合と妥結できた内容をもって，それを受け入れるよう少数組合との交渉にのぞむことには問題がないとも述べています（前掲・日産自動車（残業差別）事件）。従業員の多数を組織する労働組合のほうが強い交渉力をもち，その組合の妥結内容を経営者が尊重するのは当然であり，かつ妥当といえるでしょう。

　結局，中立保持義務といっても，団体交渉をまったく同じようにすることまで求められるわけではなく，誠実交渉義務さえ果たしておけばよいのです。経営者は，中立保持義務を根拠に，結果の平等までを強いられるものではありません。

　ただし，前掲・日産自動車（残業差別）事件において最高裁は，反組合的意図に基づく既存の事実があり，その事実を維持するために形式的に団体交渉が行われただけという場合には，不当労働行為が成立すると述べています。この事案では，多数組合の組合員や非組合員にだけ残業を命じて，少数組合の組合員には命じなかったのですが，それは，少数組合が会社の導入しようとした勤務体制にもともと反対していたからでした。その後，会社は少数組合と団体交渉を行いましたが，結局，妥結しなかったため，会社は引き続き残業を命じなかったのです。こうした場合において，当初の残業差別が反組合的意図によるものであれば，その後に団体交渉を行ったからといって，不当労働行為に該当しないことにはならないとされたのです。

　団体交渉では，各労働組合が自由な判断で交渉態度を決定しているのであり，経営者には譲歩の義務もないのですが，そうであるとしても，団体交渉を経たなら，いかなる格差も正当化されるというわけではありません。不当労働行為の成否は，団体交渉が行われる前の状況も含めて労使関係の流れの全体から判断されることになるのです。

コラム 複数組合下での誠実交渉義務

　NTT西日本が新たな退職・再雇用制度を導入しようとしたとき，多数組合との間では経営協議会が設けられていて，そこで詳しい説明をし，さらに団体交渉を通じて交渉の妥結をしていったのに対し，経営協議会が設置されていなかった少数組合との間では，新制度に関する情報量や説明内容に差がついたという場合に，これが不当労働行為となるかが問題となりました。

　この事件で，裁判所はまず，経営者に中立保持義務があるとしても，各労働組合の組織力，交渉力に応じた合理的，合目的的な対応をすることは許されると述べました。そして，会社が多数組合との間でのみ経営協議会を設置している場合に，その経営協議会で行った説明・協議それ自体は，会社と多数組合との間の経営協議会設置に関する取決めに基づくものであって，会社はそのような取決めを行っていない少数組合に対して，これと同様の対応を行うべき義務を負うものではない，と述べました。

　しかしながら，会社が多数組合との経営協議会において提示した資料や説明内容が，その後の団体交渉における説明や協議の基礎となる場合には，会社は，経営協議会を行っていない少数組合との間の同一の交渉事項に関する団体交渉において，少数組合から，団体交渉を行うにあたって必要なものとして経営協議会におけるものと同様の資料の提示や説明を求められたときには，必要なかぎりで，同様の資料の提示や説明を行う必要がある，と述べています（NTT西日本事件・東京高判平成22年9月28日）。

　少数組合との団体交渉において，その交渉の基礎となる情報を多数組合に提供しているのであれば，それが経営協議会で出されたものであっても，経営協議会が設置されていない少数組合に対しても提供しなければならない，ということです。誠実交渉義務の内容において，中立保持義務の考え方を反映させたものといえるでしょう。

4◆便宜供与と中立保持義務

　中立保持義務は，経営者から労働組合に対する便宜供与（組合事務所や組合掲示板の貸与など）の場合にもあてはまります[⇒第4講2]。経営者には本来，労働組合に便宜供与を行う義務はないのですが，いったん，ある組合に便宜供与をすれば，少なくとも合理的な理由がないかぎり，別の組合に便宜供与を認めないことは，組合間差別として支配介入の不当労働行為となるのです。

　もっとも，組合事務所のように企業施設の利用をともなう場合には，スペースの問題から，すべての組合に供与することがむずかしいこともあるでしょう。経営者としてはかぎられたスペースのなかで，従業員の多数を組織している多数組合にのみ企業施設の利用を認めることには合理性があることもあります。

　最高裁も，合理性のある格差は不当労働行為とならず，その合理性は，「単に使用者が表明した貸与拒否の理由について表面的，抽象的に検討するだけでなく，一方の組合に貸与されるに至った経緯及び貸与についての条件設定の有無・内容，他方の組合に対する貸与をめぐる経緯及び内容，企業施設の状況，貸与拒否が組合に及ぼす影響等諸般の事情を総合勘案してこれを判断しなければならない」と述べています（日産自動車（組合事務所）事件・最2小判昭和62年5月8日）。

　この事件では，少数組合との間で，組合専従問題という別の案件があり，会社は，その案件が組合事務所等の貸与についての先決問題であるとして交渉にのぞんでいました。しかし，最高裁は，そうした会社の態度には合理性がなく不当労働行為が成立するとし，少数組合への組合事務所等の貸与を命じた労働委員会の命令を適法と判断しました。

第15講
争議行為の法的保障

1.憲法が保障する団体行動権

　憲法28条は，勤労者の団体行動権を保障していますが，そこでいう団体行動には，争議行為と組合活動とが含まれると解されています。

　それでは，団体行動が権利として法的な保障を受けるというのは，具体的にはどういうことなのでしょうか[⇒第2講3]。まず労組法8条は，「使用者は，同盟罷業その他の争議行為であって正当なものによって損害を受けたことの故をもって，労働組合又はその組合員に対し賠償を請求することができない」と定めています。正当な争議行為であれば，それによって引き起こされた損害について，不法行為や債務不履行による賠償責任（民法709条，415条）を，労働組合や組合員は負わないのです。これを民事免責といいます。

　この民事免責が認められるのは，労組法8条の文言上は争議行為とされていて，組合活動は含まれていませんが，民事免責はそもそも憲法28条で認められているものなので（労組法8条は，憲法28条の規範内容の一部を確認した規定にすぎません），労組法8条の文言にかかわらず，組合活動にも民事免責は認められると解されています。

　こうした免責については，労組法1条2項にも規定があります。同項によると，「刑法……第三十五条の規定は，労働組合の団体交渉その他の行為であって前項に掲げる目的を達成するためにした正当なものについて適用があるものとする」と定めています。刑法35条は，正

コラム 争議行為の定義

　団体行動のうち，争議行為とされるものの典型はストライキであり，それに随伴するピケッティング，ボイコットなども争議行為に含まれることについては，ほぼ異論がありません。とはいえ，争議行為をどのように定義するかということになると，学説上も一致した見解がありません。また，団体行動のうち争議行為を除くものは組合活動とされるとはいうものの，争議行為の定義が定まらないので，組合活動の範囲も定まらないことになります。

　学説上は，労調法7条における争議行為の定義を参考にして，争議行為を「業務の正常な運営を阻害する行為」と広くとらえる見解もあります[⇒第9講3]。ただ，業務の正常な運営を阻害しない争議行為は，団体行動として保障されないというのは適切と思えませんし，一方，通常の組合活動であっても，業務の正常な運営を阻害して正当性を欠くことになれば[⇒第17講]，今度は争議行為の定義に合致し，争議行為として保護されることになるというのも，適切な結論とは思えません。

　なお，怠業は，争議目的で，労務の一部の不履行をするものです。全部不履行のストライキが争議行為に該当するのであれば，「大は小を兼ねる」で，一部不履行の怠業も争議行為として認められそうです。通説もそのように考えています。ただ怠業は，企業の労務指揮権に服した状態のまま，争議行為も実施するものなので，態様として正当性を欠くとする考え方もあります。さらに，争議行為として行っているのか，仕事をサボっているだけなのかが，外形上はっきりしないという問題もあります（たとえば，仕事の能率を下げるスローダウン型の怠業）。争議行為としての怠業をするうえでは，企業側に事前に通告をきちんとしていなければ，法的な保障を受ける争議行為とは認められないと解すべきでしょう。

当行為に対する違法性の阻却を定めた規定です。ここで定められている内容を，刑事免責といいます。

　このように，団体行動をする権利とは，正当な団体行動に対して免責が認められる権利なのです。どうして「免責」という表現となるのか疑問に思う人もいるかもしれませんが，それは次のような理由によ

ります。

　団体行動は，一般法である民法や刑法によると，違法と評価されて，それを計画したり，実行したりした労働側に責任が発生することがあります。たとえば組合員がストライキをすることは債務不履行となり，損害賠償責任が発生しますし，ビラを貼付する行為は，器物損壊罪（刑法261条）に該当して刑事責任が発生することがあります。労働法は，このように民法や刑法では責任が発生するような行動であっても，労働者の保護という目的に照らして「正当性」があると認められれば，特別に免責すべきものとしているのです（正当性の具体的な判断基準については，⇒第16講）。

　正当な団体行動については，以上のような免責権以外に，それをしたことを理由とする経営者による不利益な取扱いが不当労働行為として禁止される（労組法7条1号，3号）という形でも，法的保障を受けます。

2◆公務員の争議行為

　憲法28条でいう「勤労者」には公務員も含まれますが，公務員には争議権が認められていません［⇒20頁のコラム］。すなわち，国家公務員でいうと，国公法98条2項では，「職員は，政府が代表する使用者としての公衆に対して同盟罷業，怠業その他の争議行為をなし，又は政府の活動能率を低下させる怠業的行為をしてはならない。又，何人も，このような違法な行為を企て，又はその遂行を共謀し，そそのかし，若しくはあおってはならない」と定めています。そして，「何人たるを問わず第98条第2項前段に規定する違法な行為の遂行を共謀し，そそのかし，若しくはあおり，又はこれらの行為を企てた者」は，「3年以下の懲役又は100万円以下の罰金に処する」とされています（同

法110条17号）。

　つまり，国家公務員の争議行為については，正当性があるかどうかに関係なく，その共謀，そそのかし，あおりなどは刑事罰の対象となるわけです。このことは，国家公務員の争議行為には刑事免責がないことを意味します（地方公務員にも，同様の禁止規定があります。地公法37条1項，61条4号）。こうした争議行為禁止規定が憲法違反かどうかについては議論がありますが，判例は合憲論の立場です（全農林警職法事件・最大判昭和48年4月25日）。

　一方，公益事業（非公共部門）については，争議行為は禁止されませんが，労調法により事前の通告義務など，特別な争議調整手続が定められています[⇒86頁のコラム]。

3.◆争議行為と賃金

　争議行為に参加した労働者は，労務を提供していないので，経営者は賃金を支払う必要がありません。ノーワーク・ノーペイの原則があるからです（年次有給休暇のように法律上，この原則の例外が定められている例もあります。労基法39条9項）。経営者が命じた業務に従事せずに，別の業務に従事したという場合も同様に，経営者には賃金を支払う義務はありません（「債務の本旨に従った労務の履行」をしない場合には，労務提供義務が果たされたとはいえないからです。民法493条も参照）[⇒146頁のコラム]。最高裁でも，出張・外勤拒否闘争をしているなか，出張命令や外勤命令に従わずに内勤業務に従事した組合員に対しては，企業の賃金支払義務を否定しています（水道機工事件・最1小判昭和60年3月7日）。

　では，怠業の場合はどうでしょうか。怠業は，労務の不完全履行なので，そもそも経営者は，労務の受領を拒否できるのではないか，と

いう点がまず問題となります。裁判例のなかには，新幹線を減速させるという闘争を労働組合が通告したケースで，会社が運転士に乗務をさせなかった場合に，賃金請求権がどうなるかが争われた事件があります。新幹線を減速して運転することは，「債務の本旨に従った労務の履行」ではないので，経営者がこれを拒否して労務に従事させないことに問題はなく，乗務員には賃金請求権は認められないと判断されています。

　これは怠業が失敗した例ですが，怠業を実際に行った場合は，どうでしょうか。労務の一応の履行をしているとはいえ，不完全な履行の部分が特定できる場合には，その部分はカットできるとされています（応量カット）。ただし，学説上は，怠業は争議行為である以上，そもそも賃金請求権は発生しえないという見解もあります（そのときでも，不完全な履行であれ，それにより企業に利益が生じている場合には，組合員側は企業の不当利得を理由として，賃金相当額の不当利得返還請求が認められることになるでしょう。民法703条，704条）。

　以上のように，争議行為は，憲法上の権利であるからといって，賃金までを請求することはできないわけです。これは，その争議行為が正当かどうかに関係はなく，あくまで労働契約上の問題なのです。

　では，労働組合が，争議行為によって，経営者に損害を与えた場合は，どうでしょうか。

　争議行為に正当性がある場合には，前述のように，民事免責が認められます。これに対して，正当性がない場合には，民事免責は認められないので，労働組合側は，債務不履行や不法行為を理由とする損害賠償責任を負うことになります。ただこのとき，労働組合だけでなく，争議行為に関係した組合員個人もまた責任を負うのかが，学説上，争われてきました。損害賠償額はときには巨額となることもあり，組合

ストライキと家族手当

　ストライキのときには，ノーワーク・ノーペイの原則が適用されるのですが，そこでいう「ノーペイ」とは基本給の部分のみを指すのでしょうか。賃金のなかに労務提供との交換的な部分とそうでない部分とがあるという賃金二分説の立場から，ストライキの際にカットできるのは，労務提供との交換的な部分にかぎるとする見解があります。その見解によると，労務提供と交換的ではない家族手当のようなものは，ストライキがあってもカットできないことになります。しかし，判例は，労働協約や慣行等で不支給とする取扱いになっていれば，家族手当のカットもできるとしました（三菱重工長崎造船所事件・最2小判昭和56年9月18日）。賃金二分説を否定したわけです。どこまで賃金カットできるかは，広い意味での労働契約（労働協約，就業規則なども含みます）の解釈の問題だということです。

員個人への請求は苛酷な結果をもたらすことがあるからです。

　学説のなかには，正当性を欠く争議行為の民事責任は，労働組合のみが負うという見解も有力ですが，裁判例は，組合員個人も責任を負うとしています（書泉事件・東京地判平成4年5月6日）。

4◆争議行為不参加者の賃金

　争議行為の影響で，休業をせざるをえなくなった場合，争議行為に参加していない従業員の賃金はどうなるのでしょうか。民法536条2項によると，経営者の帰責事由（責めに帰すべき事由）により労務を履行できなくなったときは，経営者は賃金支払いを拒絶できないとされています。これはノーワーク・ノーペイの原則の例外ですが，経営者に帰責事由がある以上，仕方がないといえます。

　さらに，労基法26条（休業手当）は，「使用者の責に帰すべき事由による休業の場合においては，使用者は，休業期間中当該労働者に，

その平均賃金の100分の60以上の手当を支払わなければならない」と定めています（平均賃金の概念については，労基法12条を参照）。

　どちらの規定も，経営者に帰責事由があれば，労務の提供がなされていなくても，賃金の支払を義務づけるというものです。休業手当は平均賃金の6割にとどまっているので，民法536条2項以外に，労基法26条の休業手当の規定を設ける必要はないようにも思えますが，帰責事由の範囲は，民法の規定よりも労基法26条のほうが広く，経営者側に起因する経営，管理上の障害も含むと解されているので，労基法26条の存在意義はあるのです。

　しかも，労基法26条は強行規定なので，当事者間の合意で，平均賃金の6割を下回る額の支払を合意しても無効となります（13条を参照）。民法536条2項だけであれば，同項は任意規定なので，当事者間で同項と異なる内容の合意をすることができるので，その点でも，労基法26条の存在意義があります。さらに労基法26条の休業手当は，その支払を怠れば罰則が適用され（120条1号），未払い分には同額の付加金の制裁がある（114条）など，重要な違いもあります。

　ところで，判例で問題となったのは，航空会社に勤務する従業員で組織される労働組合が羽田空港で行った争議行為の影響で減便が増えたため，大阪空港や那覇空港で勤務する者に休業が命じられたというケースです。休業対象者のなかには，争議行為をした労働組合の組合員もいました（労働組合のなかの一部の組合員で実行されるストライキを部分ストといいます）。以上のような組合員からの賃金の請求について，最高裁は，まず，使用者が不当労働行為の意思その他不当な目的をもってことさらストライキを行わしめたなどの特別の事情がないかぎり，民法536条2項の帰責事由は認められないと述べました。さらに，これは，経営上，管理上の障害ともいえないとして，休業手

当の請求も認めませんでした（ノース・ウエスト航空事件・最2小判昭和62年7月17日）。

　自分が所属する労働組合が行ったストライキの影響なので，組合員に賃金も休業手当も支払われないという結論は，妥当といえるでしょう。

コラム　一部ストの場合の賃金と休業手当

　ノース・ウエスト航空事件と同種の事案で，休業を命じられた従業員が，争議行為をした労働組合と関係がないときには，賃金や休業手当の請求は認められるでしょうか（こうした従業員の一部で組織される労働組合が行うストライキを一部ストといいます）。

　非組合員である従業員にとっては，仕事がなくなるのは完全なとばっちりであり，何らかの賃金保障がされるべきともいえます。民法536条2項の帰責事由を認めることは困難としても，少なくとも労働者保護のための制度である休業手当については，企業に支払を義務づけるべき場合もあるとする見解が有力です。たとえば労務不能の原因となったストライキが，経営者との団体交渉の進展状況がはかばかしくないことがきっかけとなっていたような場合には，それは非組合員側と経営者側のどちらの支配領域の事象かというと，経営者側の事象とみることができるので，労基法26条のいう使用者の帰責事由があるとみてよいと解するのです。

　もっとも，裁判例のなかには，所属している労働組合がストライキをしたか，別の労働組合がストライキをしたかは，企業にとって事情は同じなので，企業の帰責性は否定されるべきと述べたものもあります（ノース・ウエスト航空事件・東京高判昭和57年3月24日）。

第16講
争議行為の正当性

1. 正当性の一般的基準

　争議行為が団体行動権として保障されるためには，それが正当性の
あるものでなければなりません。ただ，どのような争議行為に正当性
が認められるかについては，法律で明記されているわけではないため，
判例や学説において，見解が対立することも少なくありません。

　判例が示す争議行為の正当性についての一般的基準は次のようなも
のです（朝日新聞社小倉支店事件・最大判昭和27年10月22日など）。

　「同盟罷業は必然的に業務の正常な運営を阻害するものではあるが，
その本質は労働者が労働契約上負担する労務供給義務の不履行にあ
り，その手段方法は労働者が団結してその持つ労働力を使用者に利用
させないことにあるのであって，これに対し使用者側がその対抗手段
の一種として自らなさんとする業務の遂行行為に対し暴行脅迫をもっ
てこれを妨害するがごとき行為はもちろん，不法に，使用者側の自由
意思を抑圧し或はその財産に対する支配を阻止するような行為をする
ことは許されないものといわなければならない」。

　ここでは，同盟罷業（ストライキ）についての判断基準が述べられ
ているだけですが，これは争議行為一般にもあてはまるものといえま
す。すなわち，暴行脅迫が許されないのはもちろんですが（このこと
は，労組法１条２項但書でも，「いかなる場合においても，暴力の行
使は，労働組合の正当な行為と解釈されてはならない」と明文で定め

られています），さらに，争議行為により，企業側の自由意思の抑圧や企業側の財産支配の阻止のようなことをすると，正当性を欠くとしているのです。

　こうした判例の立場からわかることは，ストライキのように，労務の不提供という消極的な態様の争議行為には正当性が認められますが（ただし，後述のように，目的や手続などの点で正当性が問題となる可能性はあります），積極的な態様の争議行為となると，正当性が厳しく判断されるということです。たとえば，労働組合が企業の生産施設を管理するというタイプの争議行為（生産管理）は，企業の所有権を侵害し，その財産支配を阻止するものなので，正当性を欠くと解されています（山田鋼業事件・最大判昭和25年11月15日）。

　また，自由意思の抑圧という点で問題となるのは，ピケッティングです。ピケッティングとは，ストライキの実効性を維持するために，スト破りやスト脱落者がないように監視することで，ストライキに随伴することの多い争議行為です。このピケッティングの際に，たとえば組合員のスト脱落を阻止するために有形力を行使すること（胸を突いたりすること）は許されるか，有形力は行使しないが，組合員が集まって集団の力を利用してスト破りなどがないように圧力をかけること（「団結の示威」と呼ばれたりします）ならどうか，それとも平和的説得にとどまるべきか，という点をめぐって議論があります。

　学説は，ピケッティングの正当性を広く認める傾向にありますが，判例は平和的説得にとどまるものでなければならないという厳格な立場を示す傾向にあります。ピケッティングそのものではありませんが，タクシー会社において，争議行為のために車輌を確保するという戦術を採用した事案において，最高裁は，「労働者側が，ストライキの期間中，非組合員等による営業用自動車の運行を阻止するために，説得

サボタージュは，争議行為として行われる場合には，組合員が，工場にある機械などの作業機材を破壊するといった活動を意味します。こうした積極的な態様のサボタージュは正当性を欠くと解されています。

ボイコットとは，争議目的で，使用者の製品の不買を顧客や公衆に訴えかけること（不買同盟）をいいます。ボイコットには，使用者の取引先に対して使用者と取引をしないよう圧力をかけるというタイプのボイコット（第2次ボイコットと呼ばれます）もあります。不買の訴えかけが，争議への協力を呼びかける態様のものにとどまっていれば正当性は認められますが，実力行使をともなっていたり，事実無根の内容を含んでいたりした場合には，正当性は認められません（岩田屋事件・福岡高判昭和39年9月29日を参照）。

活動の範囲を超えて，当該自動車等を労働者側の排他的占有下に置いてしまうなどの行為をすることは許されず，右のような自動車運行阻止の行為を正当な争議行為とすることはできない」と述べています（御國ハイヤー事件・最2小判平成4年10月2日）。

2◆争議行為の目的

争議行為の正当性は，目的の観点からも判断されます。労働組合と企業との間で団体交渉が進められているなかで，その解決を有利に進めるための圧力手段として行われる争議行為は，正当な目的によるものと認められます。

では，政治的な要求事項を掲げたストライキ（政治スト）はどうでしょうか。学説上は，労働者の経済的利益に直接かかわる経済的政治ストと純粋政治ストとを区別し，前者は憲法28条による保障の範囲内であるとして正当性を認める立場が多数です（後者の純粋政治ストは

憲法21条の表現の自由として，その範囲で保障されるにとどまるとします）が，団体交渉により解決できない政治的要求を掲げて争議行為を行うのは適切でないとする否定説も有力です。判例も，政治ストの正当性を否定しています（三菱重工長崎造船所事件・最2小判平成4年9月25日）。

　また，自組合の組合員の労働条件などに直接かかわる要求を提起せずに，他社の別組合の争議を支援する目的で行われる同情ストについては，支援対象となる争議で争われている労働条件が，同情ストに参加する労働者の労働条件や経済的利益と実質的な関連性があれば正当性が認められるとする立場もありますが，団体交渉による解決可能性のないことを重視して政治ストについて否定説に立つ学説は，同じ理由で同情ストについても否定説に立ちます。

　このほか，労働組合のほうから積極的に要求を出すのではなく，経営者の態度に対する抗議のために行われるストライキ（抗議スト）もあります。その正当性については，裁判例の判断は分かれていますが，抗議の内容が雇用や労働条件に関する具体的な要求を含んでいる場合には，正当性が認められるべきでしょう。実現不可能な要求を掲げて行われるストライキ（過大要求スト）についても，団体交渉における取引方法のひとつとして正当性を肯定してもよいでしょうが，要求内容が，もっぱら経営者への加害目的で行われているような場合には，正当性が否定されるべきでしょう。

3◆争議行為の態様

　争議行為の態様については，労務の完全あるいは不完全な不提供という態様にとどまっているかぎり（ストライキ，怠業），正当性が肯定されます。

他方，前述のように，暴力をともなう争議行為が許されないのは，いうまでもありません（労組法１条２項但書）。さらに，業務の性質上，その停止が関係者の生命，身体に対する危険を生ぜしめる職場については，このような危険防止への配慮を行ってはじめて正当性が認められます（労調法36条も参照）。

　態様面では，特定の組合員を指定してストライキを行わせる指名ストの正当性が問題となることもあります。指名ストで多いのは，配転命令を受けた組合員が，それを拒否するためにストライキに入るとい

コラム　主体面での正当性

　争議行為は，労働組合の争議決定を受け，争議指令を受けた組合員によって行われるものです。労組法5条8号では，組合規約の必要的記載事項として，「同盟罷業は，組合員又は組合員の直接無記名投票により選挙された代議員の直接無記名投票の過半数による決定を経なければ開始しないこと」があげられています。

　それでは，組合員の投票による争議決定なしに，あるいは労働組合の承認を受けないで，組合員の一部が独自に行ったストライキの正当性はどうでしょうか。こうしたストライキを山猫ストといいます。ストライキ権は個々の労働者の権利であると考えるイタリアやフランスでは，山猫ストにも正当性が認められますが，ドイツや日本のように，ストライキは労働組合の権利であるとするところでは，山猫ストの正当性は認められません。このほか，山猫ストとは異なり，労働組合の執行部が認めたものではありますが，規約に定めた組合員投票を行わずに決定された争議行為の正当性については，これは組合の内部問題であり正当性に影響しないとする考え方と，重大な手続的瑕疵であるとして正当性を否定する考え方とがあります。

　なお，争議行為は，争議団と呼ばれる労働者の一時的な集団によって実施される場合もあります。こうした集団は，団体性の要件を欠き，労組法上の労働組合の定義（2条）に合致しないことがあるかもしれませんが，そのような場合でも，憲法28条の勤労者の団結として保障される可能性はあります[⇒第2講3]。

うタイプのものです。こうした配転拒否のための指名ストについては，配転先での就労を拒絶するという態様にとどまるかぎりは正当性が認められますが，従来の勤務先での就労を強行する態様のものは，正当性が認められないと解されています（新興サービス事件・東京地判昭和62年5月26日）。

4◆争議行為の手続

　争議行為は，手続面から正当性が問われることもあります。まず，労働組合が団体交渉を申し込まずに，いきなり経営者に争議行為を通告することは，原則として正当性を欠くと解されましょう（全日本検数協会名古屋支部事件・名古屋高判昭和46年4月10日などを参照）。争議行為は，一定の事項をめぐり団体交渉が進められているなかで，労働組合に特別な圧力手段を認めたものと解すべきだからです。もっとも，経営者のほうが団体交渉を拒否しているような場合（それは不当労働行為に該当します。労組法7条2号）には，いきなり争議行為に突入しても，正当性を欠くことにはならないでしょう。

　また，予告なしの争議行為の正当性も問題となります。少なくとも公益事業の争議行為については，10日前までに労働委員会等に通知しなければなりません（労調法37条）[⇒86頁のコラム]。ただし，企業との関係では，この規定に基づく予告義務に違反した争議行為の正当性が，ただちに否定されるとは解されていません（たとえば，全日空事件・東京地判昭和42年4月24日。ただし，民事免責を否定した裁判例もあります（たとえば，国際電信電話事件・大阪地判昭和36年5月19日））。

　公益事業以外では，法律上，労働組合には争議行為の通知義務はありません。しかし，労働組合が企業に事前に通告をしないでいきなり

争議行為に突入することは，団体交渉を申し込んでいない場合と同様，労使関係における信義則違反として，正当性を欠くと判断される可能性もあります。とくに前述の怠業のように，争議行為として実施されているかはっきりしないタイプのものは，事前通告が必要と解すべきでしょう[⇒128頁のコラム]。裁判例には，通告された時よりも半日早くストライキに突入したケースで，その正当性を否定して経営者からの損害賠償請求を認めたものもあります（国鉄千葉動労事件・東京高判平成13年9月11日）。

労働協約で，争議行為の事前通告とその後の「冷却」期間（その間に労働委員会でのあっせんなどにより，争議行為への突入を回避する手順を踏むことが想定されている）を定めている場合もあります。こうした条項を平和条項と呼びます（労働協約の債務的部分になります）[⇒第11講1]。平和条項に違反して争議行為が行われた場合には，経営者は，労働組合に対して，労働協約違反としての責任（債務不履行責任）を追及できますし，場合によっては，争議行為の正当性そのものが否定されることもあるでしょう。

平和条項と似た概念として平和義務というものもあります。平和義務とは，労働協約の有効期間中は争議行為をしないという義務です。これは，さらに相対的平和義務と絶対的平和義務とに分けられます。相対的平和義務とは，協約所定の事項の改廃を目的とした争議行為を禁止するもので，このような目的に限定せず，およそいっさいの争議行為を禁止するのが絶対的平和義務です。

相対的平和義務の根拠については，労働協約の性質（一種の「休戦協定」としての性質）あるいは信義則により，当然に認められるとする説もありますが，協約当事者の明示または黙示の合意に根拠を求める説が有力です。後者の説によると，当事者間で平和義務を排除する

合意も有効となります。一方，絶対的平和義務については，争議行為に対する重大な制約となるので合意によっても認められないとする見解もありますが，労働組合が同意をしている以上，認めてもかまわないと思います。

コラム 平和義務違反の争議行為

　労働協約の有効期間中であっても，期間満了直前となって次の労働協約の改訂交渉が始まり，それをめぐる争議行為が行われた場合は，（相対的）平和義務には違反しないと解されます。そうではなく，すでに合意した内容について，労働協約の有効期間中に蒸し返しをするために行った争議行為は，平和義務に違反することになります。

　経営者は，平和義務違反があった場合に，労働組合に対して労働協約違反として債務不履行責任を追及することは可能です。問題は，それ以上に，民事免責や不利益取扱いからの保護との関係で，正当性が否定されるかどうかです。

　判例は，平和義務違反は，「たんなる契約上の債務不履行であって，これをもって，……企業秩序の侵犯にあたるとすることはできず，また個々の組合員がかかる争議行為に参加することも，労働契約上の債務不履行にすぎないものと解するのが相当である。したがって，使用者は，労働者が平和義務に違反する争議行為をし，またはこれに参加したことのみを理由として，当該労働者を懲戒処分に付しえないものといわなければなら」ないと述べています（弘南バス事件・最3小判昭和43年12月24日）。

　最高裁は，労働組合の平和義務違反の争議行為について，個々の組合員の労働契約レベルでは，労働契約上の債務不履行（労務の不提供）はあっても，懲戒事由に該当するといえるだけの企業秩序侵害はないとしているのです。もっとも，状況によっては，個々の組合員（とくに組合幹部のような場合）に懲戒事由該当性が認められ，さらに争議行為としての正当性も否定されることもあると思います。そのような場合には，経営者が懲戒処分を行っても，不利益取扱いの不当労働行為（労組法7条1号）とはなりません。

第17講 組合活動

1. 組合活動とは

　労働組合の活動のうち争議行為でないものは，すべて組合活動に分類されます。労働組合が争議行為を行う場合，経営者との間で一種の「戦争」状態になるのですが，組合活動の場合はそうはなりません。もちろん，経営者への要求事項を掲げたビラ配布のようなものとなると，たんなる組合内部での活動とはいえなくなり，争議行為との区別ははっきりしなくなることは事実です。この点については，争議行為の定義が明確でないことも関係します[⇒128頁のコラム]が，ここではストライキおよびストライキ中にこれに随伴している行為以外のものは，広く組合活動としてみておきたいと思います。

　争議行為であれ，組合活動であれ，それが憲法28条によって保障されている団体行動であることに変わりはなく，正当性が認められれば，法的な保護を受けることができます。つまり，正当な組合活動に対しては，民事免責，刑事免責，そして不利益取扱いからの保護が認められるわけです。

　そこで問題となるのが，ここでも正当性の判断基準です。組合活動の場合には争議行為とは違い，通常の労働契約関係が続いていることが前提なので，組合員には労働契約上の労務提供義務や誠実労働義務も課されたままです。そのため，組合活動への参加がこうした義務に違反するものとなると，正当性は否定されることになります。

また，企業別組合のように企業内を活動の基盤とする労働組合は，企業施設を利用した組合活動を行う必要性が高いのですが，その場合には原則として企業の施設管理権に服することになるので，これに抵触するような活動もまた正当性を欠くことになります。

2◆勤務時間中の組合活動の正当性

組合活動をめぐる典型的な紛争事例は，経営者の許可なしに，組合員が勤務時間中に組合活動をし，それを理由に懲戒処分がなされるようなケースです。たとえば勤務時間中に職場を離脱して組合集会に参加したり，労働組合の要求を記載したリボンをつけて勤務するリボン闘争を行ったりするような場合です。

最高裁は，こうした勤務時間中の組合活動は，原則として正当性がないと述べています（済生会中央病院事件・最2小判平成元年12月11日）。

「一般に，労働者は，労働契約の本旨に従って，その労務を提供するためにその労働時間を用い，その労務にのみ従事しなければならない。したがって，労働組合又はその組合員が労働時間中にした組合活動は，原則として，正当なものということはできない」。

この判断の根拠となるのが，労働者の誠実労働義務であり，その中核となるのが職務専念義務です。職務専念義務は，信義則上，労働者に課されている労働契約上の義務と解されています（公務員については，法律上，職務専念義務が定められています。国公法101条，地公法35条）。そのため，経営者は，勤務時間中の組合活動は職務専念義務違反として，就業規則の規定に基づき懲戒処分の対象とすることができるのです。もっとも，勤務時間中に行う組合活動が必ず職務専念義務違反にあたるのか，という点については議論があります。

最高裁は，職務専念義務とは，「その勤務時間及び職務上の注意力のすべてをその職務遂行のために用い職務にのみ従事しなければならないこと」であり，この義務違反の成立については，「現実に職務の遂行が阻害されるなど実害の発生を必ずしも要件とするものではない」と述べています（電電公社目黒電報電話局事件・最3小判昭和52年12月13日）。これは，職務専念義務をかなり厳格に解したものです。

　この判断は，当時の電電公社の職員に対する法律上の職務専念義務に関するものでしたが，その後の判例は，労働契約上の信義則に基づく職務専念義務にも，こうした厳格な解釈をあてはめてきました。そして，リボン闘争と職務専念義務との関係についても，最高裁で争われ，結果として正当性が否定されました（大成観光事件・最3小判昭和57年4月13日）。組合員が組合バッジをつけて勤務するというタイプの組合活動についても，裁判例上，リボン闘争と同様，職務専念義務違反などの理由から，正当性が否定されてきました。

　ただ，学説のほとんどは，職務専念義務を厳格に解することには批判的です。少なくとも実害が具体的に生じていない場合には，実質的には職務専念義務違反とはならず，正当性を認めるべきであると主張しています。そもそも実害が生じていない場合には，企業秩序を侵害したとはいえないので，組合活動の正当性を問題とするまでもなく，懲戒事由に該当していないという考え方もありそうです。

　経営者としては，勤務時間中に賃金をもらいながら組合活動をするのは筋が通らないと考えたくなるでしょう。一方，労働組合としては，組合活動を行うのは憲法上の権利である以上，少なくとも業務に具体的な支障がない場合には勤務時間中であっても許容されるべきと考えたくなるでしょう。双方の主張について，判例は経営者に近い考え方を，学説は労働組合に近い考え方をとる傾向にあるのです。

コラム 勤務時間中に組合活動をした場合の賃金

　勤務時間中にリボン闘争が行われた場合，経営者が結果として，その労務を受領してしまっていれば，賃金の支払を拒むことは困難です。それなら，労務を受領しなければよいということになりますが，経営者は，組合の要求事項を記載したリボンをつけている組合員を勤務させないことはできるのでしょうか。

　法的には，リボンを着用した勤務が「債務の本旨に従った労務提供」でないと判断できれば，経営者は労務の受領を拒否でき，それにより賃金の支払も拒否できます。たしかに，経営者の責めに帰すべき事由（帰責事由）による就労不能の場合には，賃金を支払わなければなりませんが（民法536条2項），「債務の本旨に従った労務提供」でない場合の受領拒否は，通常，経営者には帰責事由がないと判断されるからです。

　問題は，「債務の本旨に従った労務提供」かどうかの判断基準です。これは，必ずしも明確ではありません。経営者としては，業務に具体的な支障が生じているか，生じる蓋然性が高いというような場合でなければ，労務の受領を拒否して，賃金の支払を免れることはできないと考えておいたほうが無難でしょう（たとえば，高級ホテルのフロントにおいて，「リストラ反対」と書かれているリボンやプレートを着用して勤務しようとしている場合であれば，勤務からはずして，賃金を支払わないことができるでしょう）[⇒第15講3]。

3◆企業施設を利用した組合活動の正当性

　労働組合の行う典型的な組合活動のひとつに，組合の主張や要求事項を記載したビラの配布や貼付があります。ただ，ビラの配布や貼付が企業施設内で行われると，経営者の施設管理権と抵触することになりそうです。就業規則には，従業員が企業施設内で許可なく文書を頒布することを禁止する規定があることが少なくないので，労働組合のビラ配布は，この禁止規定に違反することにもなりそうです。ビラの

貼付となると，いっそう規定違反といいやすくなるでしょう。

とはいえ，経営者の許可がなければビラの配布や貼付が常に正当性を欠き，就業規則違反として懲戒処分の対象となるというのでは，労働組合の団体行動が憲法で保障されていることの意味がないという批判も出てくるでしょう。そこで，学説のなかには，企業施設内で組合活動をすることの企業別組合にとっての重要性を考慮して，経営者は，労働組合による企業施設を利用した組合活動について，その必要性が認められる場合には受忍する義務があるとする見解（受忍義務説）もあります。

受忍義務まで認めなくても，企業施設を利用した組合活動の必要性があり，企業に及ぼす損害がないか，あっても僅少な場合には，違法性が阻却されるとする見解（違法性阻却説）も有力に主張されています。

ただ，最高裁は，どちらの見解も採択していません。とくに受忍義務説については，正面からこれを否定しました。労働組合にとって必要性が大きくても，企業施設の利用権限までが認められるわけではなく，憲法がそこまで認めているとは解釈できない，というのです。そして，経営者が労働組合に企業施設の利用を許さないことが，経営者が有する権利の濫用であると認められるような特段の事情がある場合を除き，許可なく企業施設を利用する組合活動は，経営者の権限を侵し，企業秩序を乱すものであって，正当性は認められないと述べました（国鉄札幌運転区事件・最3小判昭和54年10月30日）。

要するに，「特段の事情」がないかぎり，無許可の組合活動は許されないのです（許諾説）。そこで気になるのは，「特段の事情」はどういうときに認められるかです。実際には，経営者の不許可が反組合的意図に基づく支配介入（労組法7条3号）に該当するようなケースや，

他の組合には許可しながら，ある組合には許可しないといった組合間差別のケース（これも支配介入に該当します）にかぎられます。これは，労働組合にとってはかなり厳しい判断といえるでしょう。

　企業施設の利用は，労働組合が勝手にできるものではなく，経営者と団体交渉をして施設利用に関するルールを設けたうえでするものだということです。もちろん，その団体交渉には，経営者は誠実に応じなければなりませんが（労組法7条2号を参照），譲歩の義務はないことは繰り返し述べるとおりです[⇒第7講3]。判例は，労働組合の保護

コラム　休憩時間中のビラ配布

　休憩時間中に食堂などでビラを配布する場合，職務専念義務との関係では問題はありませんし，むしろ，その組合員の休憩時間自由利用の原則（労基法34条3項）から，ビラ配布を規制することはむずかしいように思えます。

　ただ判例は，「休憩時間の自由利用といってもそれは時間を自由に利用することが認められたものにすぎず，その時間の自由な利用が企業施設内において行われる場合には，使用者の企業施設に対する管理権の合理的な行使として是認される範囲内の適法な規制による制約を免れることはできない。また，従業員は労働契約上企業秩序を維持するための規律に従うべき義務があり，休憩中は労務提供とそれに直接附随する職場規律に基づく制約は受けないが，右以外の企業秩序維持の要請に基づく規律による制約は免れない」として，ビラ配布の許可制を適法としています（前掲・電電公社目黒電報電話局事件）。

　かりに許可制が適法であるとしても，無許可であればただちに正当性を欠くとすることには問題があると思われます。食堂など従業員多数の利用を前提とした共用施設では，施設管理権は制約を受けるとする見解もあります。経営者としては，組合員がこうした共用施設で平穏な態様でビラを配布する場合には，たとえ無許可であったとしても，厳しい処分をすると，場合によっては不利益取扱いや支配介入の不当労働行為（労組法7条1号，3号）となりうることには注意を要するでしょう。

としてはそこまでで十分と考えているのでしょう。

　もっとも，実際に無許可で企業施設を利用して組合活動をしたから
といって，組合員を常に懲戒処分の対象にできるわけではありません。
企業施設を利用する組合活動のなかでも，たとえばビラ配布，ビラ貼
付，組合集会では，企業秩序を侵害する程度がかなり違います。懲戒
処分は，企業秩序侵害に対する制裁処分ですので，とくにビラ配布の
ように，企業秩序侵害の程度が比較的軽微なものについては，就業規
則の懲戒事由該当性自体がないと判断されることもあります。そうな
ると，経営者は懲戒処分をできませんし，もしそれをすると不当労働
行為と判断されます（倉田学園事件・最3小判平成6年12月20日）。

4◆ビラの内容の正当性

　ビラについては，その配布や貼付の正当性以外に，ビラの内容面が
問題となることもあります。判例は，一般に，故意または重大な過失
により事実無根ないし歪曲した虚偽の事実を伝えたり，企業の名誉・
信用を傷つけたりするような中傷に及んだ場合は，懲戒処分の対象と
なるとしています（関西電力事件・最1小判昭和58年9月8日）。

　組合活動として行われた場合であっても，虚偽の事実や誤解を与え
かねない事実を記載して，企業の利益を不当に侵害したり，名誉，信
用を毀損，失墜させたり，あるいは企業の円滑な運営に支障を来した
りするような場合には，組合活動として正当性の範囲を逸脱する，と
されています（中国電力事件・最3小判平成4年3月3日）。

　ただし，企業の名誉や信用が毀損されるような内容であるからと
いって，当然に組合活動の正当性が否定されるものではなく，その内
容の前提とされている事実が真実であるか，そうでなくても真実と信
じるに相当な理由がある場合は，なお正当性の範囲にとどまると解さ

れています（スカイマーク（スカイネットワーク）事件・東京地判平成19年3月16日も参照）。最近では，労働組合がホームページにアップした経営者批判に，名誉毀損的な内容が含まれている場合でも，同様の観点から正当性を肯定した裁判例もあります（連合ユニオン東京V社ユニオン事件・東京高判平成30年10月4日）。

　このほか，特定の役員や管理職に対する行きすぎた個人攻撃（役職や職務と無関係な私事の暴露，誹謗中傷の類いのもの）となると，原則として正当性は否定されると解すべきでしょう。

　経営者と労働組合との間で組合掲示板の貸与についての労働協約が結ばれて，そのなかでビラの掲示要件が定められている場合があります。その場合，掲示されたビラの内容面に問題があり，労働協約上の掲示要件に反しているような場合には，経営者はそれを撤去することができます（撤去しても，支配介入の不当労働行為とはなりません）。ただ，掲示要件に違反しているかどうかは，かなり厳格に判断されますので，経営者は，その点は注意をしておく必要があります。

コラム 街宣活動の正当性

　労働組合のなかには，企業に対して抗議するために，事業場に押しかけて，その前でビラを配布したり，拡声器を使って演説をしたり，シュプレヒコールをしたりする活動をするものもあります。こうした街宣活動は，団体交渉で懸案の事項があるなかで，それに関して行われたものであり，企業の名誉や信用を毀損するものでない場合は，原則として，正当な組合活動と認められます。

　一方，こうした活動が，経営者の自宅付近で行われて，その私生活の平穏を乱すとみられる場合には，正当な組合活動と認められない傾向にあります（たとえば，教育社事件・東京地判平成25年2月6日）。街宣活動が正当性を欠く場合には，経営者は，損害賠償請求だけでなく，差止めを求める仮処分申請をすることもできます。

第**18**講
経営者の争議対抗行為

1◆操業継続の自由

　経営者は，労働組合がストライキを行っている期間中であっても，操業を継続することはできます。労働組合の争議権というのは，それが正当なものであれば，業務の正常な運営が阻害されることを受忍しなければならないものの，だからといって業務の遂行自体を停止しなければならないものではないのです。経営者の経済活動の自由（憲法22条，29条）は，労働組合の争議行為中でも保障されています（御國ハイヤー事件・最2小判平成4年10月2日など）。

　したがって，かりに労働組合が操業阻止を目的とする争議手段をとっている場合でも，経営者は，操業を継続するために必要な対抗措置をとることができるのです（もちろん，争議行為参加者に対して，不利益な措置をするなどの威嚇によって，労務に従事させようとする行為は，不当労働行為となる可能性が高いので要注意です）。たとえば，管理職員や一般の非組合員のような争議行為に参加していない従業員を使ったり，新たに臨時労働者を雇い入れたりして操業を継続することができます。そうした行為は，争議行為を抑圧する不当労働行為とは解されていないのです。

　ただし，経営者が，労働組合と事前に，争議行為のときでも代替労働者を使用しないというスキャブ（scab；ストライキ中に働く人）禁止協定を締結している場合には，それに反する行為は労働協約違反

となります。

2◆ロックアウト権の保障

　労働組合の争議行為は，ストライキが行われているだけであれば，たんに労務を提供しないにとどまるので，経営者には賃金を支払う義務はなく，そうであれば，経営者はそれほど深刻な打撃を受けないかもしれません。しかし実際には，争議行為の際は，ストライキだけでなくピケッティングなどもともなっており，その実行のために組合員が事業場にきている場合も多いのです。そうなると，事業場に混乱が生じたり，業務に著しい支障が生じたりする可能性が出てきます。

　また，作業能率を低下させたり，あるいは半分は勤務をしながら，半分は争議行為をするというような怠業型の争議行為もあり，こうした場合には，賃金の支払義務の一部を免れることができたとしても，それを上回る経済的な損失が企業に生じることもあります。

　企業にどんなに損害が生じていても，それが正当な争議行為によるものであれば，労働組合には民事免責があるので（労組法8条），損害賠償の請求はできません。これは団体行動権が憲法で保障されているからなのですが，状況によっては経営者に著しく酷な結果をもたらすおそれもあります。

　こうした場合，経営者はロックアウトをすることがあります。ロックアウトとは，労働組合の争議行為に対抗して，作業所を閉鎖して，組合員を閉め出すことです。これは経営者の争議行為とみることもできます。経営者の争議行為というと奇妙に聞こえるかもしれませんが，ストライキとロックアウトは，労使間における争議行為として，セットで考察すべきものなのです。

　もちろん，法律上，権利として認められているのは，労働組合の行

うストライキだけです。ただ，ロックアウトを禁止すると書かれていないのも事実です（労調法7条の争議行為の概念には作業所閉鎖が含まれています）。

そこで，経営者がロックアウトにより組合員を作業所から閉め出す行為は合法なのか，また，これは経営者による労務の受領拒否として賃金を支払うべきことにならないかが問題となるのです。

前者については，ロックアウトの典型は，工場の封鎖などにより組合員を事業場内に立ち入れないようにすることにありますが，さらに事業場内にすでにいる組合員を閉め出すこともロックアウトの概念に含まれます。争議行為中であるとはいっても，組合員は企業の施設管理権から解き放たれるわけではありません。施設管理権に抵触するような行為があった場合，あるいはそうした危険がある場合には，経営者はこの権利（具体的には所有権や占有権が根拠となります）を被保全権利として，妨害排除の仮処分の申請などができることとなります。このことは，経営者にロックアウトの権利を認めるか否かに関係なく肯定されるものです。

もっとも，施設管理権に抵触したとしても，争議行為として組合員が正当に職場にいる権利があるといえる場合には，所有権や占有権などを根拠とする妨害排除ができなくなるため，そのときには，ロックアウトの権利として組合員を排除できるかが問題となりえます。学説のなかには，防御的ロックアウトのみを正当と認める判例の考え方（後述）に則して考えると，組合員の滞留によって労使間の均衡が破れるほどに著しく不利な圧力を経営者が受けるというごく特別な場合にのみ，追い出し手段としてのロックアウトが認められると述べる有力説もあります。

コラム 労働組合による職場占拠の正当性

　職場占拠とは，労働組合の争議行為として，組合員が事業場内の施設を占拠する行動を指します。労働組合が企業外で組織されている国では，企業内での労働組合の職場占拠は企業の所有権や占有権を侵害するものとして違法とされる傾向にありますが，企業別組合という組織形態が中心である日本では，一定範囲までは許容されると考えられています。

　具体的には，企業の占有を排除せず，その操業も妨害しないような，たんなる職場滞留は一般に正当性をもつと解されています。問題は，たんなる職場滞留にとどまらず，企業の占有を排除して，業務を妨害するような占拠の正当性についてです。このような職場占拠は，ピケッティングと同様の機能をもつ（あるいはピケッティングにともなって行われます）といえますが，企業の所有権や占有権と正面から抵触するという点で，正当性がより厳格に審査されるべきでしょう。現在のピケッティングに関する厳格な法理を前提とすると，企業の占有を排除するような職場占拠について正当性が認められる余地は小さいでしょう。

3◆ロックアウトと賃金

　ロックアウトをめぐるもう一つの問題は，経営者はロックアウトにより賃金支払義務を免れることができるか，という点です。学説のなかには，ロックアウトは，民法上，経営者による労務の受領拒否（413条）となるので，受領拒否の正当性や民法の帰責事由の有無（536条2項）の問題として扱えばよいという考え方もあります（こうした学説は，不可抗力などきわめて例外的な場合にしか，経営者は賃金支払義務を免れないと主張します）。

　これとは異なり，経営者にはロックアウトの権利があり，その権利に基づき賃金支払義務を免れることができるとする見解もあります。これは，経営者の争議行為が認められるという見解でもあります。

憲法は「勤労者」の団体行動権のみを保障しています（28条）が，それは，企業と労働者との関係においては，通常は企業のほうが交渉力が大きく，労働者は社会的経済的に劣位にあることから，労働者に対してのみ団体行動権（なかでも争議権）を付与すれば十分と考えられているからです。

　ただ，このことは，労使の力関係において対等性が崩れ，労働者側が優位に立つような状況が生じた場合には，企業側にこれに対抗するための争議手段が与えられていないと解す理由がないことも意味しています。実際，最高裁は，この点について，次のように述べています（丸島水門製作所事件・最3小判昭和50年4月25日）。

　「個々の具体的な労働争議の場合において，労働者側の争議行為によりかえって労使間の勢力の均衡が破れ，使用者側が著しく不利な圧力を受けることになるような場合には，衡平の原則に照らし，使用者側においてこのような圧力を阻止し，労使間の勢力の均衡を回復するための対抗防衛手段として相当性を認められるかぎりにおいては，使用者の争議行為も正当なものとして是認されると解すべきである」。

　つまり，最高裁は，憲法や法律の明文の規定はないものの，衡平の原則から，経営者の争議行為であるロックアウトは権利として認められるとしているのです。もっとも，ロックアウトが正当と認められるのは，「勢力の均衡を回復するための対抗防衛手段として」相当なものにかぎられます。いかなるタイプのロックアウトも正当と認めているのではなく，防御的ロックアウトのみを正当と認めているのです。

　したがって，経営者が，外国ではみられるような，自らの掲げる要求を貫徹するために，ロックアウトに打って出るということは，日本では許されないことになります。経営者は，経営状況が苦しくて賃金を引き下げる必要があるとしても，自らロックアウトに打って出て団

コラム 先制的ロックアウト

　ロックアウトには，争議行為の発生を予想して，それに対抗するために先手を打って予防的に行うロックアウトや，本文で述べたような労働条件引下げなどの要求を掲げて仕掛ける攻撃的ロックアウトもありますが，判例上は正当性が認められていません。

　攻撃的ロックアウトについては，企業が経済的に苦境にあり，それにもかかわらず労働組合側が，労働条件の引下げをどうしても受け入れないという状況を想定すれば，一定の場合には正当性を認めてもよいような気がします。

　ただ，こうした場合には，争議行為という手段を用いなくても，経営者は就業規則の不利益変更という形で，一方的に労働条件を引き下げることは可能です。もちろん，合理性がなければ変更は認められません（労契法10条）が，合理性の判断要素のなかに「労働組合等との交渉の状況」が含まれているので，経営者が十分に誠実に団体交渉をしておけば，他の要素との兼ね合いもありますが，合理性が肯定される可能性は十分にあることになります。

　日本では，このように就業規則の合理的変更という方法があるので，攻撃的ロックアウトに正当性を認めなくてもよいといえますが，こうした方法がない国では，むしろ労使間の交渉を通した力勝負で労働条件を決めていくことが原則となります。そのような場合には，攻撃的ロックアウトの正当性を否定する理由はないでしょう。さらに発想を変えれば，日本で認められている防御的ロックアウトのほうが，労働組合に権利として保障されている争議行為を正面から否定しようとする対抗行為であるといえるので，法的な問題が多いと考えることもできそうです。

体交渉を優位に進めることはできないのです。

　判例によると，ロックアウトが正当と認められれば，その効果として，経営者は賃金の支払義務を免れることができます。さらに通達によれば，社会通念上正当と判断される作業所閉鎖（ロックアウト）の場合は「使用者の責に帰すべき事由」に該当しないので，休業手当（労基法26条）を支払う義務もありません（昭和23年6月17日基収1953

号）。このようにみると，ロックアウトは，争議状態で著しい苦境に
陥っている経営者にとっての，企業防衛の切り札といえるでしょう。

4◆ロックアウトの正当性の具体的判断基準

　具体的なケースにおいて，経営者の行うロックアウトが正当なもの
か否かの判断は，かなりむずかしいものとなります。

　判例によると，「個々の具体的な労働争議における労使間の交渉態
度，経過，組合側の争議行為の態様，それによって使用者側の受ける
打撃の程度等に関する具体的諸事情」に照らして，「衡平の見地から
見て労働者側の争議行為に対する対抗防衛手段として相当と認められ
るかどうかによって」判断されるものとしています（前掲・丸島水門
製作所事件）が，結局はケース・バイ・ケースの判断となります。中
小企業において，苛烈な争議行為で大きな打撃を受けて企業経営に重
大な支障が生じているような場合であれば，正当性が認められる可能
性は十分にあるでしょう。

　また，判例は，ロックアウトの正当性に関する，労働者側の争議行
為に対する対抗防衛手段としての相当性という要件は，ロックアウト
の開始の際に必要であるだけでなく，これを継続するうえにおいても
必要であると述べています（第一小型ハイヤー事件・最2小判昭和52
年2月28日）。たとえば，当初は対抗防衛手段としての相当性があっ
たとしても，その後，労働組合が争議行為を解除したような場合には，
それ以降もロックアウトを継続すると，対抗防衛手段としての相当性
を欠き，ロックアウトとしての正当性を欠くことになります（正当性
を欠くとなると，就労拒否は経営者に帰責事由があり，民法536条2
項により，賃金支払を拒むことはできなくなります）。

　ただ，どの段階でロックアウトの防御的性格がなくなるかの判断は，

容易ではありません。これもケース・バイ・ケースの判断となりますが，少なくとも労働組合がストライキを口頭で伝えるだけでなく実際にも解除して，就労への復帰態勢が整っていれば，防御的性格がなくなると判断すべきでしょう。一方，労働組合がストライキを解除しないまま，たんに就労要求をしただけの段階のときは，すでにストライキの及ぼす影響が軽減してきていて，事業が正常な状況になりつつあるような場合を除き，なお防御的性格は失われていないと解すべきでしょう。

図表7◆労働争議の種類別件数および参加人員の推移

年　次	総　争　議		争議行為を伴う争議			争議行為を伴わない争議	
	件　数	総参加人員	件　数	総参加人員	行為参加人員	件　数	総参加人員
平成18年	662件	627,413人	111件	90,661人	38,595人	551件	536,752人
19	636	612,974	156	103,133	54,105	480	509,841
20	657	176,853	112	99,548	48,984	545	77,305
21	780	115,371	92	76,349	20,543	688	39,022
22	682	110,664	85	56,132	21,262	597	54,532
23	612	58,495	57	33,472	8,604	555	25,023
24	596	125,992	79	50,190	12,361	517	75,802
25	507	128,387	71	52,350	12,910	436	76,037
26	495	121,621	80	74,438	27,919	415	47,183
27	425	174,043	86	76,065	23,286	339	97,978
28	391	69,533	66	52,415	15,833	325	17,118
29	358	132,257	68	72,637	17,612	290	59,620
30	320	103,342	58	51,038	10,059	262	52,304
平成30年の対前年増減率	△10.6%	△21.9%	△14.7%	△29.7%	△42.9%	△9.7%	△12.3%

資料：厚生労働省「労働争議統計調査」より作成

労働組合と従業員代表

1.労働組合と従業員代表の相違点

　企業内における労働者代表としては，労働組合だけでなく，従業員代表という形態もあります。企業別組合も，ある意味では従業員の代表であるように思えますし，ユニオン・ショップ協定が締結されていれば，なおさらそうです。しかし，一般的にいうと，従業員代表は，法律上の定義はないものの，労働組合とはっきり区別されたものです。

　一番大きな違いは，労働組合であれば，組合員が任意に労働組合に加入したり，脱退したりできますが，従業員代表においては，そのような加入行為や脱退行為が存在しない点があげられます。つまり，労働者が企業と労働契約を締結して（採用されて）従業員の地位をもつと，当然に，従業員代表によって代表される存在となるのです。その意味で，従業員代表は，強制的な労働者代表形態といえます。

　ユニオン・ショップ協定が締結されていれば，労働組合も強制的な労働者代表となるという意見があるかもしれません。しかし，労働組合については，形式的であれ加入行為がありますし，また脱退の自由が実際上制約されているとはいえ，自由がまったくないわけではありません。判例は，組合員は少なくとも別の労働組合を結成したり，そこに加入したりすると，ユニオン・ショップ協定の効力は及ばないとしています（三井倉庫港運事件・最1小判平成元年12月14日）[⇒第3講

4]。このようにみると，労働組合は従業員代表のような強制団体とは違いがあるのです。

　労働組合と従業員代表とでは，労働者代表としての正統性も異なります。それぞれが，どのような根拠に基づいて労働者を代表する権限をもつかについて違いがあるのです。従業員代表であれば，代表者が民主的に選出されていることや民主的な意思決定をするところに，代表の正統性があるとされます。

　一方，労働組合は，組合員が自らの意思に基づき労働組合に加入しているところに，代表の正統性があります。労働組合においても，組合内部の民主的運営は重視されますが（組合民主主義），民主的であるだけでなく，労働者の任意の団結体であるところに，従業員代表との大きな違いがあるわけです。

　さらに，一番大きな違いとして指摘すべきなのは，憲法上の位置づけです。憲法28条は，文言上は労働組合という言葉を使っていませんが，そこで考えられている勤労者の団結とは，労働組合を指すのは明らかです。従業員代表は，憲法28条とは無関係な団体です。

2◆過半数代表制

　日本法において，労働者の代表形態として法的に明確な規定があるのは，労働組合だけです。ただ，過半数代表制という制度があるので，これを一種の労働者の代表形態とみることもできます。過半数代表は，本書でもすでに繰り返し出てきましたが，要するに，ある事業場で過半数の労働者を組織する労働組合がある場合には，その労働組合（過半数組合），そうした労働組合がない場合には，労働者の過半数を代表する者（過半数代表者）を指します。

　過半数組合や過半数代表者には，過半数代表として，さまざまな権

限を与えられています。そのなかで最も重要なのが，労使協定の締結
です。労使協定の典型例は，時間外労働や休日労働に関する三六協定
の締結や賃金全額払いの原則の例外を認める協定です（労基法36条１
項，24条１項ただし書）。これらの協定は，労基法が強行規定により
定めている原則（１週40時間・１日８時間の法定労働時間の原則等）
の例外を設定するもので，その締結権限をもつ過半数代表の役割は，
労働者の利益を守るためにも，きわめて重要といえるでしょう。

　こうした点を考慮に入れると，過半数代表が過半数組合である場合
はともかく，過半数代表者にも過半数組合とまったく同じ過半数代表
としての権限が付与されていることには，問題があるかもしれません。
過半数代表者には，労働者の代表としての正統性に疑問があるからで
す。

　過半数代表者の選出方法については，平成10（1998）年の労基法改
正の際に，これまでの通達（昭和63年１月１日基発１号）を引き継い
で，労基則６条の２が設けられています。

　それによると，過半数代表者は，①同法41条２号の管理監督者の地
位にある者ではないこと，②法所定の労使協定を締結する者を選出す
ることを明らかにして実施される投票，挙手等の方法による手続によ
り選出された者であって，使用者の意向に基づき選出されたものでな
いこと，とされています（１項）。つまり，民主的な選出方法が義務
づけられているのです。なお，管理監督者しかいない事業場において
は，②の要件だけが適用されます（２項）。

　現実には，過半数代表者は必ずしも法令で定められているような民
主的な方法で選出されているわけではないようです。そもそも労働組
合が組織されていないような事業場で，従業員のイニシアティブだけ
で過半数代表者を選ぼうとする動きが出てくることは想定しにくいで

しょう。たとえば、三六協定がなくて困るのは、時間外労働をさせようと考えている経営者のほうであり、そうである以上、過半数代表者の選出はどうしても経営者主導となりがちなのです。

労働組合の組織率は、企業規模が小さくなるほど低くなります [⇒第1講1]。労働組合がないところ（あるいは、あっても少数組合にとどまるところ）では、過半数代表として重要な権限を担うのは、過半数代表者となるのです。

しかし、過半数代表者は、労働組合ではないので、憲法28条で保障されている団体交渉権や団体行動権を行使することはできません。また、労基則6条の2第3項では、「使用者は、労働者が過半数代表者であること若しくは過半数代表者になろうとしたこと又は過半数代表者として正当な行為をしたことを理由として不利益な取扱いをしない

コラム 労使委員会

労基法には、労使委員会という機関も定められています（名称は似ていますが、労働委員会とは別のものです）。これは、「賃金、労働時間その他の当該事業場における労働条件に関する事項を調査審議し、事業主に対し当該事項について意見を述べることを目的とする委員会」です（労基法38条の4第1項）。企画業務型の裁量労働制を導入する場合には、この労使委員会の5分の4以上の多数の決議が必要となります。2018年の労基法改正で導入された「高度プロフェッショナル制度」（41条の2）についても同様です。このほかにも、労基法上、労使協定の締結が求められている事項について、労使委員会の決議があれば、その決議が労使協定と同じ効力をもつとされています（38条の4第5項）。

労使委員会は、労使二者構成で、労働者側の委員は、当該事業場の過半数代表により指名されることになっています。

また、労働時間等の設定の改善に関する特別措置法においても、労使委員会と同様の労使二者構成の労働時間等設定改善委員会の設置が定められています（7条）。

ようにしなければならない」と定めてはいますが，過半数代表者は労組法２条で定義される労働組合に該当しないので，不利益な取扱いを受けても，同法の定める不当労働行為の救済手続の利用はできません（５条１項，７条１号）。

こうした従業員代表に，労使協定の締結のような重要な権限を付与することは適切ではないという意見もあるのです。ここから，従業員代表を法律によりきちんと制度化しようとする議論が出てくることになります。

3◆連合の労働者代表構想

こうした議論の代表例が，日本労働組合総連合会（連合）が平成18（2006）年に発表した労働者代表法案要綱骨子（案）です。

骨子（案）でいう労働者代表は，労働者代表委員会と労働者代表委員とに区別されます。使用者は，常時10人以上の労働者を使用する事業場で，当該事業場に過半数組合がない場合には労働者代表委員会を設置しなければならず，それ以外の事業場で過半数組合がない場合には労働者代表委員を置かなければならないとします。そして，どちらにせよ，過半数組合がある場合には，それが労働者代表委員会とみなされます。

労働者代表委員会は，労働組合の結成，団体交渉，労使協議，労働協約の締結，その他の組合活動を妨げてはならないとされています。つまり，労働組合が，労働者代表委員会に優先するということです。同様の考え方に基づき，労働者代表委員会と使用者が締結した協定等が，労働組合と使用者またはその団体との間で締結された労働協約と抵触するときは，労働協約が優先することになっています。

労働者代表委員会の委員は，労組法２条但書１号に規定された労働

者（使用者の利益代表者等）以外の労働者の選挙により選ばれます。

　労働者代表委員会の権限は，労働諸法規等に労働者代表との協定締結・意見聴取等を定められたものに限定されます。使用者から労働者代表委員会への便宜供与として，就労義務の免除，研修休暇，事務所等の貸与が定められています。

　以上のような連合の労働者代表法案要綱骨子（案）がモデルにして

コラム 労契法制定前の労働者代表構想

　労契法の制定前に出された，労働契約法制研究会最終報告である「今後の労働契約法制の在り方に関する研究会報告書」（平成17（2005）年）には，常設の労使委員会制度の設置構想が含まれていました。そこでの問題意識は，「労働組合の組織率が低下し，集団的な労働条件決定システムの機能が相対的に低下している中で，労働者と使用者との間にある情報の質及び量の格差や交渉力の格差を是正して，労働者と使用者が実質的に対等な立場で決定を行うことを確保するためには，労働者が集団として使用者との交渉，協議等を行うことができる場が存在することが必要である。労働組合が存在する場合には，当然，当該労働組合がそのような役割を果たすものであるが，労働組合が存在しない場合においても，労働者の交渉力をより高めるための方策を検討する必要がある」というものです。

　そして，「過半数組合がある事業場であっても，労使が対等な立場で労働条件について恒常的に話し合えるようにすることは意義があることから，過半数組合が存在する場合にも，その機能を阻害しない形で労使委員会の設置は認めてよいと考えられる」とも述べられています。

　こうして設置される労使委員会の権限については，たとえば就業規則の変更の際に，労働者の意見を適正に集約したうえで労使委員会の委員の5分の4以上の多数により変更を認める決議がある場合には変更の合理性を推定する，というものが構想されていました（労契法10条参照）。この構想は日の目をみませんでしたが，常設的な従業員代表の設置に向けた議論が，政府内においてもかなり具体的に進められていたことを示しています。

いるのは，ドイツの従業員代表制度でしょう。ドイツでは，事業所レベルにおいて事業所委員会（Betriebsrat）という従業員代表機関が法定されており，現実に労働条件の決定に重要な役割を果たしています。事業所委員会も，その事業所で勤務する従業員の選挙により選ばれます。

ドイツの事業所委員会は，社会的事項と呼ばれる一定の労働条件（労働時間の配置，休暇，賃金の支払態様など）については，共同決定権ももっており，これらについては，企業は，事業所委員会の同意なしには決定ができません（合意が成立しない場合には，労使二者構成の仲裁委員会という第三者機関の裁定にゆだねられます）。

ただ，ドイツでは，労働組合は産業別組合であり，その主たる活動領域は企業外です。その意味で，企業内の存在である事業所委員会と労働組合との間には，活動範囲や役割の区分けがなされているのです。しかも労働協約の優位が法定されているので，事業所委員会が企業と締結する事業所協定（Betriebsvereinbarung）が，労働協約が通常規制している事項を規制対象としても無効となります。

日本では労働組合は企業別組合ですから，労働者代表委員会と労働組合の活動範囲や役割の区分けができず，むしろ重なってしまっています。労働組合や労働協約の優位を定めたとしても，それを実際に貫徹させることはむずかしくなる可能性があるのです。

4◆労働者代表のあり方

経営者のなかには，争議権や団体交渉権をもつ労働組合よりも，協調的な従業員代表のほうが都合がよく，法律で従業員代表の設置を義務づけてもらいたいと考えている人も少なくないでしょう。歴史的にも，労働組合を嫌う企業は先手を打って，協調的な労働組合を組織し

たり，あるいは労働組合の結成後も，いわゆる「第二組合」の結成を主導したりして，戦う労働組合（第一組合）の勢力を削ごうとしてきました。しかし，こうした行動は，現在は支配介入の不当労働行為（労組法7条3号）に該当する可能性があります。

それはさておき，現在，労働組合の組織されていない事業場において，将来において労働組合が結成される可能性がないのであれば，法律で従業員代表の結成を義務づけるという発想は悪くないかもしれません。その事業場で働く労働者にとっても，経営者にとっても，従業員代表があることにはメリットがあるでしょう。また，従業員代表構想と利害が対立しそうな既存の労働組合も，連合は前記のように，従業員代表の法制化を求めています。

ただ，留意しておくべきなのは，経営者が，従業員代表のほうがやりやすく，労働組合よりも望ましいと考えていると，思わぬしっぺ返しを受けることもあるということです。労働組合は，繰り返し述べるように，結成や加入の容易な存在です。従業員代表（あるいは既存の企業別組合）では，労働者が十分に自分たちの利益が守られないと考えると，企業外のより戦闘的な労働組合に加入したり，そうした労働組合を結成したりするようになります。

企業内の労働組合との間であれば，団体交渉だけでなく，労使協議を通して協調的な関係を構築できますが，企業外の労働組合との間では，こうした関係の構築はむずかしいでしょう。実は，マイルドな労働者代表を望むよりも，ある程度の戦闘性を備えていて，労働者の利益を実効的に守ろうとする労働者代表のほうが，結局，経営者にとって望ましいパートナーになることもあるのです。こういう観点からも，従業員代表の法制化の適否を考えておく必要があります。

第**20**講
労働組合とどうつき合うべきか

1.話合いは重要

　日本の経営者にとって，企業を維持して，従業員の雇用をきちんと守るというのは，最も重要な責務と考えられてきました。従業員を路頭に迷わせるような経営者は，経営者として失格でした。賃金が必ずしも高くなくても雇用は保障し，経営状況がよければボーナスをはずむということで，経営者と従業員は信頼し合って企業を支えてきたのです。とくに中小企業では，まさにこうした個人的な信頼関係を礎にして経営が行われてきたといっても過言ではありません。

　労働組合というのは，こうした経営者と従業員の直接の結びつきに割って入ろうとする面があります。労働組合が結成される場合にも，いろいろなパターンがあります。大企業では，従業員の大多数が加入して，経営者と円滑な関係を築く企業別組合があり（すでにみてきたように，ユニオン・ショップ協定が締結されていることも多いです），組合幹部になることが，その企業での出世コースである場合も少なくありません（労働組合を統率できるような人材は，管理職や役員としても有能な素質があるということでしょう）。こうした労働組合は，従業員が自発的に結成したものというよりは，企業内の制度として，いわば企業共同体の一構成要素という性格をもつことになります。

　これに対して，従業員が処遇や職場環境に何らかの不満をもち，それを契機として労働組合が結成されることもあります。その多くは，

上部団体のオルグを受けたり，そのサポートを受けたりしたことが直接のきっかけとなります。一般労働組合の地域支部の企業レベルでの分会として結成されるというパターンがよくみられますし，コミュニティ・ユニオン（地域合同労組）の分会という形式もあります。こうした分会は，その企業にすでに企業別組合があるときでも，これと併存する形で結成されることもあり，ここではそれを「分会タイプの労働組合」と呼び，企業別組合と対置することにしましょう。

分会タイプの労働組合は，従業員の不満がベースになっているので，どうしても企業との関係が険悪になりがちです。とくに上部団体の役員など，その企業の従業員以外の者が団体交渉に乗り込んでくると，経営者としては身構えて，非友好的な状況が生じてしまいます。

実は企業別組合では，あまり争議は起こりません。前述のように，企業別組合と経営者は，ともに企業共同体の構成員として友好的な関係にあることが多いからです。もし争議が起こるとすれば，経営者が交替したり，株主構成が大きく変動したり，企業の組織再編があったりするなどにより経営方針が大きく変わり，従来の労使関係が崩れつつあるような場合です。たとえば社長が息子に代替わりし，アメリカ仕込みの経営コンサルタントのアドバイスを受けて，企業別組合とのこれまでの暗黙のルールを無視するようになり，紛争が起こるというパターンなどがあります。こうした紛争の場合には，本質的には労使間の不信に起因しているため，それが取り除かれないかぎり，なかなか解決に至らないでしょう。

一方，分会タイプの労働組合は，具体的な紛争がベースにあって結成されていることが多いので，経営者はその紛争を解決することをめざせばよく，しかもその多くは，実質的には個別労働条件をめぐる個別労働紛争といえるものです。ただ，こうして結成された分会が企業

別組合に成長していくこともあり，そうなると，団体交渉や労使協議といった集団的労使関係のルールも定められていくことになるでしょう。

どのようなタイプの紛争にしろ，経営者は，自身と従業員の間に介在する労働組合としっかり話合いをしていく必要があります。憲法がわざわざ団体交渉権を保障し，労組法も団体交渉をベースにした法制度を構築しているのは，労使関係においては話合いがとくに大事だからです。団体交渉を誠実に行わなければ不当労働行為（労組法7条2号）となるのは，すでに説明したとおりです。

さらに，労働組合には争議行為をする権利が保障されている一方で，労調法が争議調整手続を設けて，あっせんによる解決が，実際よく行われているという事実も，話合いによる円満解決が大切であることを示しています。話合いがまとまらず，不当労働行為の救済申立てがなされても，和解による解決がなお重視されている（労組法27条の14）のも，同様の理由です。

それに加えて，従業員の雇用や労働条件について不利となる措置を経営者がとろうとするときに，団体交渉をきちんと行うなど，労働組合の了解をとろうと努める姿勢をとることは，後に裁判となったときに，経営者に有利に考慮されます。

たとえば整理解雇を行う場合，それが解雇権の濫用となるかどうかについて（労契法16条），判例上，人員削減の必要性，解雇回避努力，被解雇者選定の相当性と並んで，手続の相当性という要素が考慮されることになっています（整理解雇の4要素）。手続の相当性とは，労働組合がある場合には，経営者が労働組合に対して誠実に説明をし，協議をするということです。団体交渉を行うことも，もちろん含まれます。たとえ話合いがまとまらなくても，誠実な団体交渉を経たうえ

でのことであったとなると，整理解雇は有効と判断されやすくなるのです。

　また，就業規則の不利益変更においても，労働組合等との交渉の状況は，合理性判断において考慮されます（労契法10条）[⇒第12講4]。

2.労働組合はカルテルか

　そうであるとはいえ，経営者にとって労働組合は，ときには，いたずらに対立的な関係をもちこみ，個々の従業員との間であれば円満におさまるはずのことを，かえってこじらせてしまう余計な存在と感じることもあるでしょう。とくに資本家は悪であるといったイデオロギッシュな態度で経営者と向き合う労働組合には，嫌悪感さえ覚えることがあるかもしれません。

　そこまでいかなくとも，労働組合とはそもそも労働条件を不当につり上げるカルテルのようなものではないかという指摘は，これまでもあるところです。カルテルとなると，本来は，独禁法違反です。たしかに，労働組合というのは，労働者が談合して，ある水準以下の賃金では働かないというカルテルとしての側面もあるといえそうです。とくに労働組合が産業別組合で，その産業における労働市場を支配している場合は，いっそうそれに近いものとなるでしょう。アメリカでも，当初は労働組合は独禁法に違反するとして非合法とされていました。

　しかし，今日では，労働組合が賃金をつり上げることは，禁止されるカルテルではなく，社会的に正当なものとして許容されています。それは労働者の談合は，個々人では立場が弱いゆえ，実質的に対等な立場で経営者と取引するために必要なものと考えられているからです。日本の憲法28条が団結権や団体交渉権を保障していることには，そのようなカルテルを合法化するという意味も含まれているのです。

経営者としては，労働組合があるから賃金などの労働条件が引き上げられてしまうと不満をもつかもしれませんが，それは，仕方がないのです。むしろ，労働組合はそういうものであることを前提に，話合いによって，経営者と従業員が互いに納得できるような適正な労働条件を模索することが賢明なやり方なのです。

　また，企業別組合は，労働条件を引き上げたり，維持したりするのが本来の役割ですが，それだけでなく，労使協議をとおして，経営者のほうから企業経営に関する情報を労働組合に伝達し，労働組合がそれを組合員に周知させるという役割も果たしています。これにより，労働条件を引き下げたり雇用調整をしたりするような場合にも，従業員の理解を得やすくなる土壌ができます。労働組合の介在は，経営者と従業員の間を分断するのではなく，むしろ両者の結びつきを強めるという面もあるのです。

　先ほど，分会タイプの労働組合は，従業員の不満を契機に結成されることが多いと述べました。この点についても，実は経営者はポジティブに受けとめる必要があるかもしれません。というのは，従業員が不満をもったときの行動の選択肢としては，辞職という方法もあり，経営者にとって，優秀な従業員が退職してしまうのは大きな損失となるからです。労働組合をとおして経営者ときちんと話合いができれば，退職せずに済むかもしれないのです。

　従業員の不満は，小規模な企業であれば，社長や役員が直接把握することも容易かもしれません。しかし，ある程度の規模以上の企業となると，そうはいかないでしょう。ラインの職制を通じて，うまく従業員の不満を吸い上げることができればよいのですが，今日，上司と部下の間のコミュニケーションはなかなか容易ではないようです。こうしたとき，従業員の声を代弁する従業員の代表がいてくれれば，経

コラム 労働組合はだれの代表か

　労働組合の中心的な組織形態が企業別組合であるということは，労働組合によって守られるためには企業に採用されなければならないことを意味します。採用前の段階では，企業別組合に加入ができないからです。このことは，労働組合が守ろうとする労働者の範囲は，どうしても現在の組合員である就業者となりがちであることを意味します。

　解雇が制限されていて雇用が安定している就業者が労働組合によって高い労働条件を獲得してしまうと，こうした就業者－組合員が良好な雇用を独占し，失業者が良好な雇用機会を得る可能性が減ってしまうことになります。これは失業者も含めた労働者全体の利益というものを考えるなら，就業者だけを利して不公平をもたらすということであり，労働組合のデメリットともいえます。

　さらに，企業別組合が従業員のなかでも正社員にしか組合員資格を与えず，正社員の利益のために雇用や良い労働条件を保障すると，同じ企業で働く非正社員の雇用の不安定性や労働条件の低下をもたらす可能性があります。たとえば，企業が雇用調整をするときに，労働組合が組合員である正社員の雇用の保持を優先し，非組合員である非正社員から雇止めをするように求めたりする場合が，その典型です。

　格差社会が問題となるなか，正社員中心の日本の労働組合が，失業者や非正社員の利益を十分に配慮せずに行動をすると，エゴイスティックであるとの批判を受けるおそれがあります。労働組合が社会から広い支持を得るためには，もちろん組合費を払っている組合員を擁護するのが基本であるとはいえ，組合員の範囲を非正社員にまで広げようとする努力をし，それが果たせなくても，失業者をも含む非組合員の利益にも配慮をした運動方針を立てていくことが必要であると思います。

　経営者も，こうした企業別組合の新たな使命に理解を示して，労使関係を築いていく必要があります。

営者としては助かるわけです。こういうコミュニケーションをはかる手段として，まさに労働組合が役に立つのです[⇒118頁のコラム]。

3.法を味方につけよう

　経営者からみると，ときには労働組合の力が強すぎると感じることもあるでしょう。団体交渉の応諾を義務づけられ，しかも誠実な交渉をしなければならず，場合によっては，ストライキなどの争議行為で要求をごり押ししてくる困った存在と感じることもあるかもしれません。

　しかし，労働組合には誠実交渉を求める権利があり，さらに争議行為も正当なものであれば権利として行使できるものである以上，経営者はこれから逃げることができないのです。戦う労働組合が現われたとき，正面からこれを受けとめて，対応していくしかないのです。もちろん，経営者は，労働組合の要求に屈しなければならないわけではありません。法が求めているのは，きちんと交渉するということだけだからです。

　その一方で，法は，労働組合が戦闘的であることを推奨しているわけではありません。経営者が，戦闘的な労働組合に徹底抗戦することを推奨しているわけでもありません。前述のように，労調法が争議調整手続を定めているのは，争議行為は避けられるものなら避けたほうが労使にとって望ましいという考え方が根本にあります。

　結局，大事なことは，どのようにして望ましい労使関係を構築していくかです。労働組合にもいろいろなものがあるので，経営者がとる対応は，労働組合のタイプや性格に応じて異なってくるのは当然です。ただ，一ついえることは，経営者は，これまで説明してきたような，憲法と労組法が労働組合に与えている権利の内容を正確に理解してお

く必要があるということです。法治国家である以上，法のルールに従うのは当然であり，法の無知に起因するトラブルは，経営者の信用や品位を下げることになります。各都道府県には労使関係の紛争を専門的に扱う行政機関である労働委員会があり[⇒第9講1]，こうした機関を活用するのも有用です。

　もちろん，こうした法的な知識はあくまで基礎的な部分であり，それに基づいて，どのような労使関係を築いていくかは経営者の判断にゆだねられています。労働組合に厳しい姿勢でのぞむというのも，法を守っているかぎり，経営者の自由です。労働組合の要求に対して是々非々の態度をとるというのも，一つの見識です。ただ，日本の多くの経営者（とくに大企業の経営者）は，労働組合と良好な関係を保つことが結局は得策だと考えてきたので，労働組合に比較的寛大な態度をとってきたといえます。

　企業別組合であれ，分会タイプの労働組合であれ，それらとうまくつき合えないようでは，ダメな経営者と烙印を押されます。法律の知識をしっかりもち，法の無知に足をすくわれないようにすると同時に，むしろ法律を積極的に活用して，労働組合を味方につけて良い経営をしていくことが，現在の経営者に求められていることではないかと思います。

　本書がその一助になれば，著者としてこれにまさる喜びはありません。

判例索引

最高裁判所

高等裁判所

項目索引